Ulrike Katrin Peters

Radgenuss Ruhrgebiet

Auf Traumtouren durch das Revier

aktiv
KLARTEXT

Dank

Ich danke Titus Konstantin Raab, Tedda Roosen, Elisabeth Viktoria Roosen und Maxime Peters für die Freude am gemeinsamen Radeln und die Fotogeduld, genau wie Dennis Louis Lemon – wer mit einem Holländer radelt, hat immer Rückenwind!
Für die fundierten Tipps danke ich Ruhrgebiet Tourismus, hier besonders Jochen Schlutius sowie den Tourismusbeauftragten der einzelnen Ruhrgebietsstädte. Dank gilt weiter dem Klartext-Verlagsteam für die angenehme Zusammenarbeit!
Außerdem danke ich meinen Eltern Christel und Alfred Peters für die in die Wiege gelegte Lust am Radfahren. Ein weiteres Dankeschön haben Prof. Klaus und Gaby Wermker für die guten Tipps und für „Ruby" sowie Gerd Haehnel für die „Radschläge" rund um Werden verdient.

Bibliografische Information der Deutschen Nationalbibliothek
Die Deutsche Nationalbibliothek verzeichnet diese Publikation in der Deutschen Nationalbibliografie; detaillierte bibliografische Daten sind im Internet über portal.dnb.de abrufbar.

Impressum

2. Auflage September 2024
Layout und Satz: Joachim Bartels
Karten: Die Karten wurden mit Daten von OpenStreetMap erstellt (www.openstreetmap.org).
Druck und Bindung: AALEXX Druck Produktion,
Thönser Str. 5a, 30938 Großburgwedel
Umschlaggestaltung: Guido Klütsch
Umschlagabbildung: Jochen Tack

ISBN 978-3-8375-2407-9

KLARTEXT

Jakob Funke Medien Beteiligungs GmbH & Co. KG
Jakob-Funke-Platz 1, 45127 Essen
info.klartext@funkemedien.de
www.klartext-verlag.de

Zeichenerklärung

- Startpunkt
- Zielpunkt
- Zwischenziel
- Haltestelle
- Parkplatz
- Fahrradstrecke
- eingeschränkt barrierefrei
- Gastronomie
- Freizeitspaß
- familienfreundlich
- Naturerlebnis
- Aussichtspunkt
- Wanderstrecke
- Fotospot
- Kulturstätte
- Sehenswürdigkeit
- Kunstobjekt
- Fähre

Inhalt

Vorwort

Im Ruhrpott zu radeln ist ein einzigartiges Erlebnis!

Wo sonst kann man in einem Betonröhrenhotel komfortabel übernachten, welche andere Region hat sonst ein begehbares Kinderspielzeug wie die „Slinky Springs to Fame“-Brücke am Wegesrand zu bieten? Wo gibt es sonst ein so breites Spannungsfeld zwischen Naturräumen, historischen Sehenswürdigkeiten und Industriedenkmälern, die in einzigartige Kulturtempel umfunktioniert worden sind?
Natürlich ist das Ruhrgebiet auch eine der am dichtesten bevölkerten Regionen Europas. Das heißt einerseits, dass man als Radfahrer immer mal wieder mit der Infrastruktur in Berührung kommt. Das heißt andererseits aber auch, dass die nächste Sehenswürdigkeit und/oder der nächste Biergarten niemals weit sind und man stets gut an den öffentlichen Nahverkehr angebunden ist.
Auf ehemaligen Bahntrassen und Treidelpfaden genießen Radfahrer zahlreiche grüne Oasen der Ruhe. Viele der Radkilometer führen durch liebliche Flusslandschaften, dichte Wälder, durch Naturschutzgebiete und vorbei an fruchtbaren Feldern, entlang von Seen, Kanälen und Weiden. Und wer die grünen Ecken zwischen Rhein, Ruhr, Lippe und Rhein-Herne-Kanal auf zwei Rädern erlebt, ist besonders nah dran.
Radfahren ist kommunikativ, die Menschen im Ruhrgebiet sind es auch. Und so kommt, wer Lust hat, am Erzbahnbüdchen genauso schnell in Kontakt wie auf der Rheinfähre „Keer Tröch“. Ein Schnack am Wegesrand des Grafschafter Rad- und Wanderwegs in Moers ist dabei genauso unkompliziert und nett wie die Begegnung im alten englischen Doppeldeckerbus, der zum Biergarten des Schiffshebewerks Henrichenburg gehört.
Wer Spaß an tollen Fotomotiven und ungewöhnlichen Picknickplätzen hat, der wird unter anderem an der Himmelsleiter in Gelsenkirchen, auf der Zeche Rheinpreußen mit seinem Geleucht und am Ufer des Kemnader Stausees seine Freude haben.

Genießer kommen ebenfalls voll auf ihre Kosten. Ob rustikal an der Leinpfad-Oase bei Hattingen, bei Café und Kuchen im duftenden Rosarium des Schlossparks in Moers, bei Pommes mit Currywurst im alten Bahnhof Lukas in Essen-Kupferdreh oder im Schnitzelhaus in der Dortmunder City – verhungern müssen Revierradler wahrlich nicht.
Freunde der Kunst, Kultur und Architektur werden ebenfalls nicht zu kurz kommen. Spannend ist dabei die Mischung aus alt und neu, aus modern und dem Charme des Gestrigen. Sowohl die Kulturtempel wie das Aalto-Theater, das Schloss Lauersfort, das Museum Quadrat, das Niederrheinmuseum und die historische Hespertalbahn liegen an unseren Routen als auch die Zeche Zollern und die Stiepeler Dorfkirche – zwei Schönheiten, die es sogar zum Briefmarkenmotiv gebracht haben.
Bei der Auswahl der Touren war es das Ziel, eine bunte Mischung zu schaffen, das Hauptaugenmerk lag auf der genussvollen Befahrbarkeit der Strecken in Kombination mit attraktiven Startpunkten und Etappenzielen. Abwechslung und Überraschungen sind garantiert. Neben den „Klassikern" wie der Zeche Zollverein, dem Landschaftspark Duisburg-Nord und dem Nordsternpark sind auch noch unentdeckte Perlen wie die alte Schleuse in Hattingen, der Klangweg in Unna und die East Side Gallery in Dortmund mit von der Partie.
Die angegebenen Fahrtzeiten geben übrigens die reine durchschnittliche Fahrzeit an. Da die Touren aber so ausgewählt wurden, dass sie gespickt sind mit Aussichtspunkten und Sehenswürdigkeiten, sei empfohlen, sich Zeit zu nehmen. Man kann gut und gerne einen ganzen Tag pro Tour investieren. Genießen braucht schließlich seine Zeit.

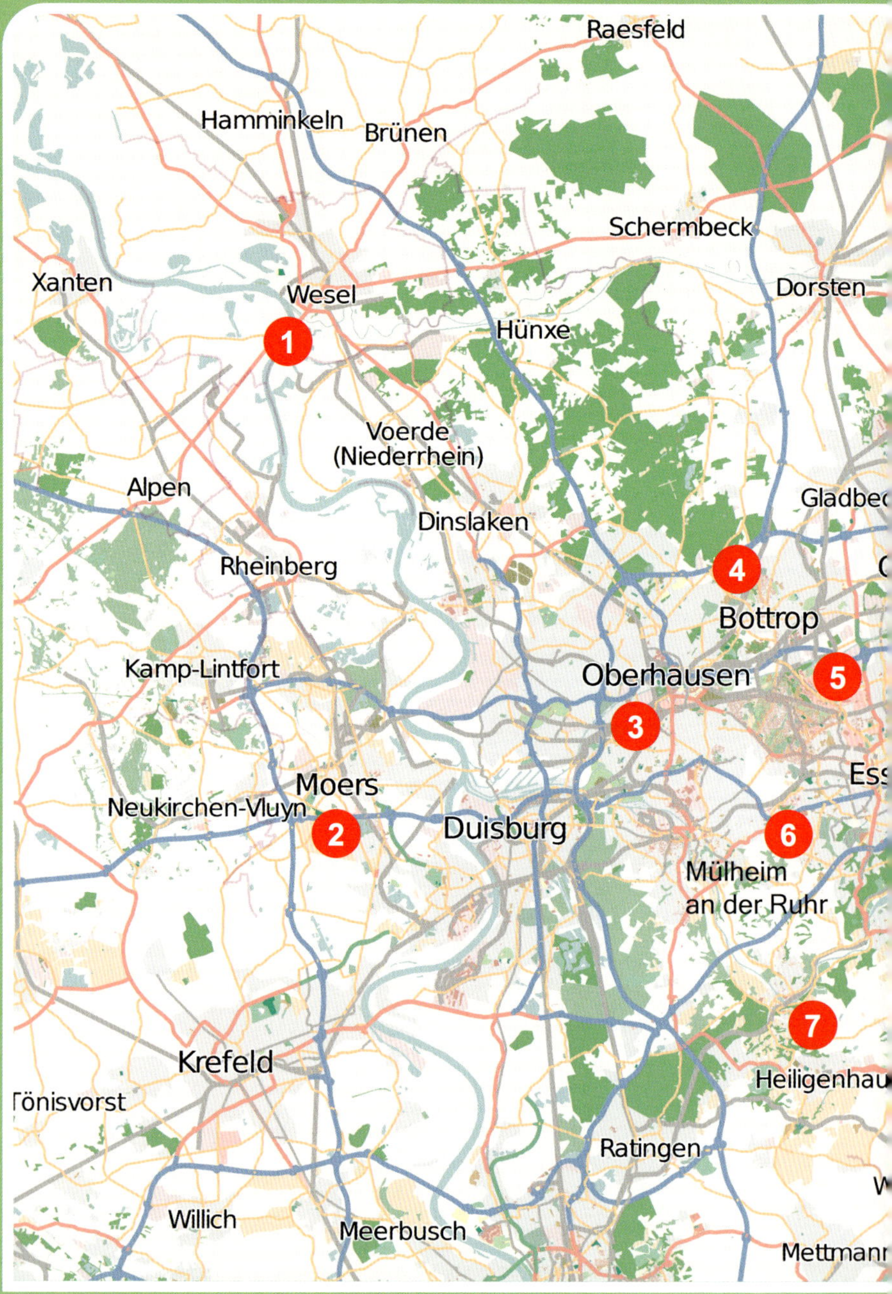
Raesfeld
Hamminkeln
Brünen
Schermbeck
Xanten
Wesel
Dorsten
1
Hünxe
Voerde
(Niederrhein)
Alpen
Dinslaken
Rheinberg
4
Bottrop
Kamp-Lintfort
Oberhausen
5
3
Moers
Neukirchen-Vluyn
2
Duisburg
6
Mülheim
an der Ruhr
7
Krefeld
Ratingen
Willich
Meerbusch

Die Touren im Überblick

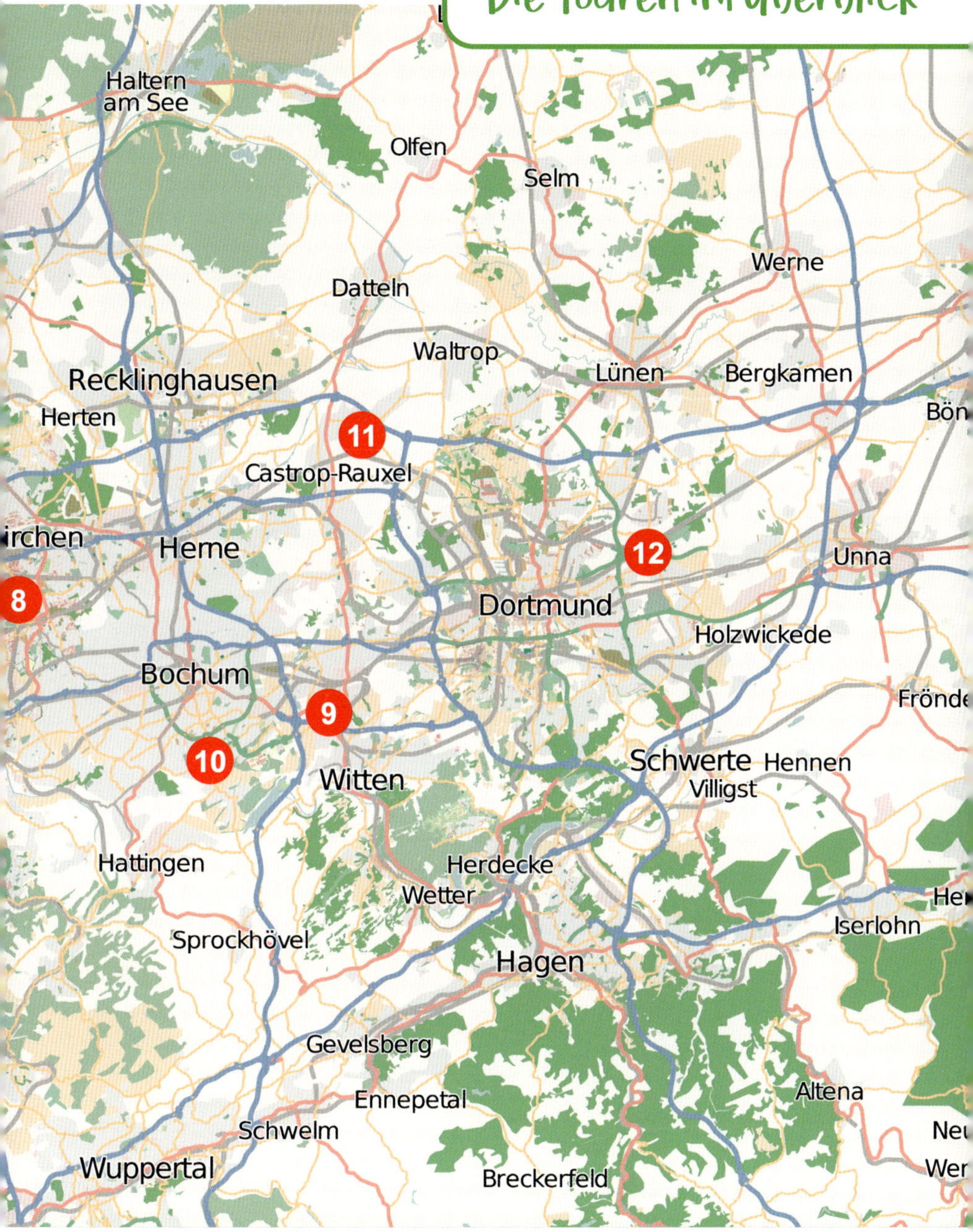

Von Störchen, Schafen und Deichen

Wesel – Xanten – Wesel

Auf dieser Radtour genießt man ländliches Idyll mit jeder Menge „tierischer“ Begegnungen. Besonders schön ist diese Tour im Frühjahr, wenn einem der Fliederduft um die Nase weht und man links und rechts des Weges Kälbchen, Lämmchen und junge Storchenfamilien beobachten kann.

Zugegeben, der Start ist ein bisschen ungemütlich: Wir müssen den Rhein auf der Rheinbrücke überqueren. Aber schnell lassen wir den Autolärm hinter uns und radeln, immer am Rhein entlang, durch wunderbare Naturräume. Den unbestrittenen Höhepunkt der Tour bildet die kleine Radfahrerfähre, die den Wendepunkt dieser fast autofreien Runde darstellt. Picknickplätze bieten sich am Rheindeich, dem Rheinstrand oder im Naturschutzgebiet. Das kulturelle Highlight bildet die Zitadelle (unser Start- und Endpunkt) sowie der Willibrordi-Dom in Wesel.

Tour 1

1:30 Std. | 24 km | 70 Meter

Start/Ziel: Zitadelle, An der Zitadelle 14-20, 46483 Wesel

Wegbeschaffenheit: Sehr gut befahrbare Asphalt-, Natur- und Pflasterwege.

Anreise mit ÖPNV: Bahnhof Wesel, mit dem Fahrrad ca. 3 Minuten bis Zitadelle. Bus-Linien SB6 und 37, 66, 67, 68: Busbahnhof Wesel, Haltestelle: LVR-Niederrheinmuseum.

Besonderheiten: Der Wendepunkt der Tour bildet die kleine Fußgänger- und Radfähre, mit der wir bei Bislich den Rhein überqueren.

Wegbeschreibung: Der Startpunkt ist am Kulturzentrum Zitadelle. Wir starten an der Kreuzung der Straßen Schillstraße und An der Zitadelle. Mit dem Rücken zu der Zitadelle stehend, den Eingang des LVR-Niederrheinmuseums mit seiner verglasten Front zur Rechten, wenden uns in Richtung der großen Kreuzung, die vor uns liegt. Die Zitadelle im Rücken fahren wir auf der Schillstraße gerade über die Kreuzung auf dem rechts neben der Straße verlaufenden Radweg. Die Schillstraße führt dann leicht bergan und uns damit auf die Niederrheinbrücke. Parallel zur Straße, auf dem separaten Radweg, überqueren wir den Rhein. Am Ende der Brücke biegen wir rechts ab, hier ist auch der Radweg in Richtung Xanten ausgeschildert.

Durch das Tor des Hauptgebäudes der Zitadelle geht es zu den Wehranlagen.

Am Weg

Zitadelle mit LVR-Niederrheinmuseum

Zwischen den Jahren 1688 und 1722 erbaut, stellt die Zitadelle Wesel die größte erhaltene Festungsanlage des Rheinlands dar. Ihre Grundform war einst ein fünfzackiger Stern – eine Idee des Baumeisters Johan de Corbin. In den erhalten gebliebenen Gebäuden sind heute ein Kulturzentrum mit Musik- und Kunstschule sowie die Papierrestaurierungswerkstatt untergebracht. Im ehemaligen Körnermagazin befindet sich heute das LVR-Niederrheinmuseum. https://niederrheinmuseum-wesel.lvr.de

Am folgenden Knotenpunkt 60 biegen wir links herum, der sehr guten Radbeschilderung Richtung Xanten folgend. Wenn wir auf ein kleines Wäldchen stoßen, zeigt das Radwegschild rechts herum. Hier befinden sich die Überreste der alten Eisenbahnbrücke.

Am Weg

Alte Eisenbahnbrücke Wesel

Einst war dieses stolze Bauwerk die längste Eisenbahnbrücke Europas. Im Jahre 1874 von der Köln-Mindener Eisenbahngesellschaft erbaut, wurde sie als letzte Brücke über den Rhein am 10. März 1945 gesprengt, um die Alliierten daran zu hindern, den Rhein zu überqueren. Seitdem ist die Stahlbaukonstruktion, die den Fluss überspannte, aus dem Weseler Stadtbild verschwunden.

Während das Baudenkmal auf unserer Seite dem Zahn der Zeit überlassen wird und zahlreichen Tieren wie Fledermäusen und Turmfalken sowie Wildpflanzen wie Wiesen-Salbei und Mittlerer Wegerich einen idealen Lebensraum bietet, werden die Reste der Brücke rechtsrheinisch ganz anders genutzt. Hier sind in und auf den ehemaligen Viadukten ein Hangar für den Segelflugplatz entstanden sowie eine Aussichtsplattform, die wir zum Ende unserer Tour erklimmen können.
www.kuladig.de

Die historische Eisenbahnbrücke Wesel

An einer Gabelung, wo Xanten nach links und geradeaus ausgeschildert ist, fahren wir geradeaus über den Rheindamm. Unser nächstes Etappenziel ist dann die Bislicher Insel. Zur Linken liegt das erste Storchennest.

Tierische Begegnungen begleiten Radler auf dieser Tour.

Zottelige Rinder und muntere Ziegen sind ebenfalls vom Radweg aus zu sehen, während weiter parallel zum Deich geradelt wird. Da wir schließlich etwas erhöht auf dem Deich radeln, hat man auch einen guten Blick auf den Rhein und die vorbeiziehenden Schiffe. Es gilt, einmal rechts abzubiegen, wir fahren durch eine hübsche Wohnsiedlung. Links gibt es einen kleinen Selbstbedienungsshop für Honig von den Rheinwiesen, dann weiter durch ein Naturschutzgebiet. Wenn das Restaurant „Zur Rheinfähre" rechts erreicht ist, geht es hier rechts hinein und zur Fahrradfähre „Keer Tröch II".

Die kurze Fährfahrt bildet den Wendepunkt dieser Radtour.

Am Weg

Personenfähre Keer Tröch II

Es ist schon ein ganz besonderes Erlebnis, mit dem Rad auf eine kleine Fähre zu rollen und den mächtig dahinströmenden Rhein zu überqueren. Man kommt mit den Mitradlern ins Gespräch und spürt, wenn der Motor aufheult, wie viel Kraft der dahinfließende Rhein hat.

Fähr-Saison: vom Palmsonntag bis 31. Oktober

Fähr-Tage: Mi., Fr.-So. & Fei., in den NRW-Sommerferien auch Do.

www.bislich.de

Zum Genießen:
der Rhein bei Wesel

Abstecher

Kurpark Xanten

In 2,5 Rad-Kilometern vom Fähranleger entfernt ist der kleine aber feine Kurpark und die Altstadt von Xanten erreicht. Hier kann man am Gradierwerk entspannen oder sich am Kneipptretbecken oder am Wassertisch durch kalte Fuß- und Armbäder erfrischen. Kinder finden auf dem Spielplatz tolle Möglichkeiten, sich auszutoben. Genau wie an der Drachenskulptur, in der Burg mit Hängebrücke und Kletterwand sowie auf der umlaufenden Bobby-Car-Strecke. Die großen Besucher genießen derweil die Außengastronomie, weitläufige Schmetterlings- und Wildblumenwiesen, die Salbei-Astern-Wiese oder die Pfingstrosen-Phlox-Wiese – klingt verlockend, oder?
www.xanten.de

Meister Adebar im Familiennest

Abstecher

Storchenroute in Bislich

Es ist ein ganz besonderer Anblick, ein Storchennest, in dem ein Storchenpaar brütet oder seinen bereits geschlüpften Nachwuchs umhegt. Kein Wunder, dass das gesamte „Storchendorf Bislich" im Meister-Adebar-Fieber ist. Der Heimat- und Bürgerverein hat gemeinsam mit Schülern eine Storchenroute ausgearbeitet, bei der man an acht Infopunkten mehr über das Leben der schwarz-weiß-gefiederten Vögel erfahren kann. Die vier Kilometer lange Rad- und Wanderroute führt an elf Storchennestern und dem Dorfmuseum vorbei. Wer neugierig geworden ist, der möchte vielleicht mittels der Livecam einen direkten Blick in das Storchennest werfen. Dies ist auf der folgenden Website möglich, auf der sich auch die Wegbeschreibung der Storchenroute herunterladen lässt.
www.bislich.de

Auf der anderen Seite des Rheins angekommen, kann man direkt rechts ein Picknick am Rheinstrand genießen. Bei schönem Wetter steht hier auch ein Snack-Imbisswagen. An der ersten Möglichkeit nach der Fähre biegen wir dann rechts ab, dies ist der Knotenpunkt 36. Bis zu unserem Ausgangspunkt Wesel sind es von hier aus noch 10 Kilometer.
Links liegt bald das Fährhaus mit seinem einladenden Biergarten. Wir radeln geradeaus über den Deich. Der Radweg ist sehr gut beschildert und führt selbsterklärend weiter geradeaus. Links von uns liegen schöne Hofgebäude, Pferdeweiden und das ein oder andere Storchennest. Schließlich verlassen wir den Deich, rollen links herum und leicht bergab und stoßen an eine Landstraße. Diese queren wir und biegen dann rechts ab, der Beschilderung Richtung Wesel folgend. Bald ist Knotenpunkt 32 erreicht, es geht durch ein Wäldchen und ein kurzes Stück neben der Straße auf einem sehr gut ausgebauten Rad-

weg. Schließlich muss die Straße an einer Querungshilfe überquert werden (Rad-Beschilderung Richtung Wesel folgen). Rechts liegt die Grauinsel, zur Linken ein Gewässer, wir radeln weiter auf dem herrlichen Damm und sehen rechts am Horizont schon die auffällige Silhouette der Niederrheinbrücke. In unserem Blickfeld erscheint eine Kirchturmspitze, in dessen Richtung wir weiter geradeaus radeln. Wenn wir an eine Radwegkreuzung kommen, biegen wir rechts ab, dem Radwegschild folgend, zum Yachthafen. Dann treffen wir auf die Vorfahrtsstraße „Römerwardt". Hier biegen wir rechts ab, vorbei am Segelflugplatz.

Blick vom Biergarten zur Rheinbrücke

Am Flugfeld entlang rollen wir auf einer Fahrradstraße, die einen Linksbogen, dann einen Rechtsknick macht. Es geht mit dem Rheinbad zu unserer Rechten weiter. Links herum geht es dann, hier liegen schöne Einkehrmöglichkeiten sowie die „River Lady", ein Ausflugsboot. Wir rollen weiter am Rhein entlang und kommen zu den Überresten der alten Eisenbahnbrücke, die wir bereits am anderen Ufer gesehen haben. Parallel zur Straße queren wir dann Eisenbahnschienen und radeln auf den Dom zu. Der separate Radweg liegt zwischen Straße und Fußweg. Am Kreisverkehr geradeaus, an der beampelten Kreuzung ebenfalls, hier queren wir den Hansaring und radeln auf die Pastor-Boelitz-Straße, mit dem Dom zur Linken, weiter. Rechts geht es dann in die Pastor-Jansen-Straße, dem Radschild Richtung LVR folgen. Dann die Straße Esplanade überqueren, links abbiegen und auf dem parallel zur Straße verlaufenden Radweg fahren, dann rechts fahren und dem Schild Richtung „Zitadelle" folgen. Just bevor es geradeaus in einen Fußweg geht, biegen wir rechts ab und sofort wieder links und radeln weiter, mit dem LVR-Museum und dem dazugehörigen Parkplatz zu unserer Linken. Wenn wir auf die Straße treffen, biegen wir links ab und direkt nach dem Museumsgebäude wieder links und rollen auf unseren Startpunkt, die Zitadelle, zu.

Gastronomie

Zur Rheinfähre
Bislicher Insel 1
46509 Xanten
Tel.: 02801/1334
https://rheinfaehre-xanten.de

Fährhaus
Marwick 26
46487 Wesel-Bislich
Tel.: 02859/9010276
https://faehrhausbislich.de

Plückers Q-Stall
Rheinpromenade 10
46487 Wesel
Tel.: 0281/30000
www.welcome-hotels.com

Tour 1

Startpunkt

Zielpunkt

Zwischenziel

Parkplatz

Gastronomie

Naturerlebnis

Aussichtspunkt

Wanderstrecke

Fotospot

Kulturstätte

Sehenswürdigkeit

Fähre

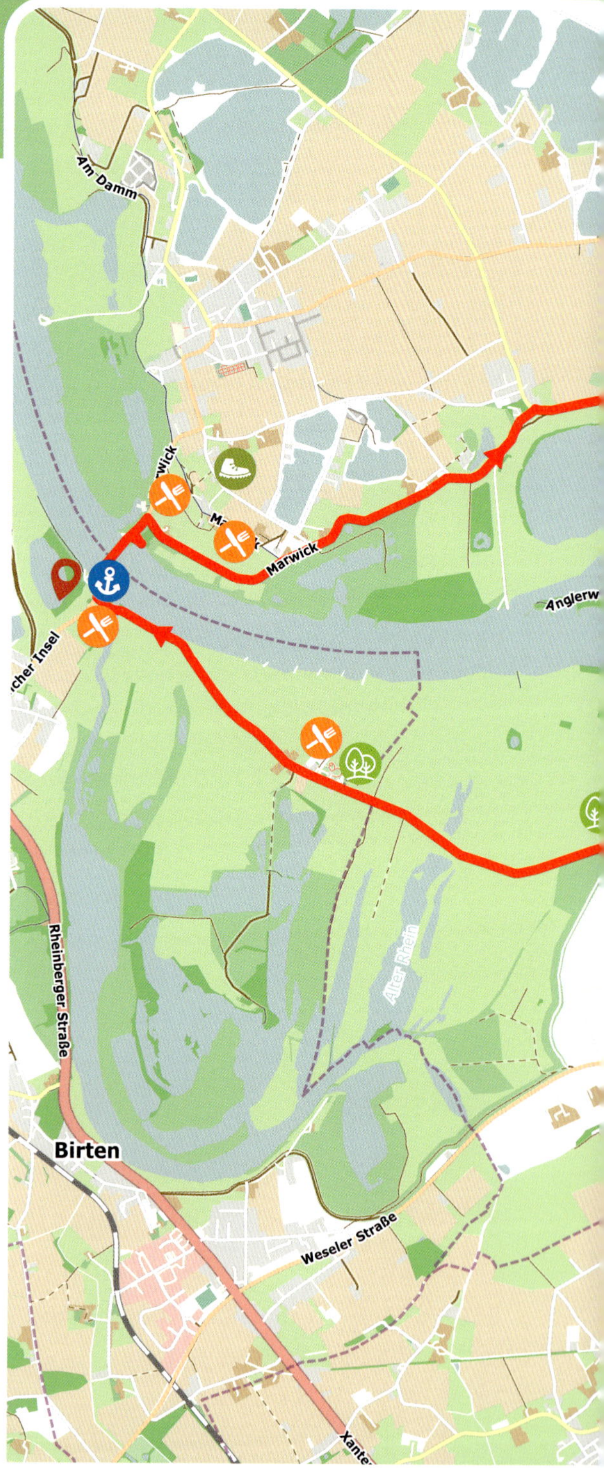

Blumenkamp
Emmericher Straße
Heuweg
Lindenberg
Hasenweg
Ziegeleiweg
Reeser Landstraße
In der Aue
Deichweg
Wesel
Ginderich
Xantener Straße
Büderich

Frischluftkur auf zwei Rädern

Landpartie vom Schlosspark Moers bis Neukirchen-Vluyn und zurück

„Fünfzig Schattierungen von Grün" kann man am Ende der Tour resümieren. Schließlich führt sie über den Grafschafter Rad- und Wanderweg, durch viele „grüne Tunnel". Wiesen, Weizenfelder, Wälder und dazu jede Menge gepflegte Gärten lassen gerade gestresste Großstädter durchatmen.

Die ländlich entspannte Atmosphäre scheint sich auf alle anderen Radler und Wanderer zu übertragen, die man in geringer Anzahl unterwegs trifft. Ein freundliches Wort hier, ein netter Schnack dort. Wer im Sommer radelt, kommt dazu an jeder Ecke in den Genuss von Lindenblütenduft. Kulturelle Höhepunkte bietet der Moerser Schlosspark, das romantische Schloss Lauersfort und die liebevoll restaurierte Aumühle. Und wer den Abstecher zum „Geleucht" unternimmt, der kann am Ende der Tour einen Blick von oben auf das ganze Grün bis hin zum Rhein werfen.

Tour 2

1:30 Std. | 24 km | 90 Meter

Start/Ziel: Am Schlosspark Moers, Gartenstraße Ecke Sedanstraße, 47441 Moers

Wegbeschaffenheit: Sehr gut befahrbare Asphalt- und Naturwege

Anreise mit ÖPNV: Bis Moers Hauptbahnhof RE 44 zwischen Bottrop und Moers, RB21 von Xanten nach Duisburg. Vom Bahnhof aus per Rad zum Schlosspark (1,3 km)

Besonderheiten: Der Moerser Schlosspark lädt mit seinen geschwungenen, schattigen Wegen, Picknickplätzen und dem umlaufenden Wall zum Flanieren ein.

Wegbeschreibung: Wir starten am Schlosspark Moers an der Ecke Gartenstraße/Ecke Sedanstraße, mit dem roten Haus Sedanstraße 1 in unserem Rücken. Der Gartenstraße Richtung Kreuzung folgen.

Der Rosengarten ist ein Ort der Stille und Einkehr.

Am Weg

Rosarium Rosengarten

Eine echt dufte Angelegenheit, der Rosengarten im Grafschafter Musenhof des historischen Schlossparks Moers. Mit einer Gesamtgröße von rund 1000 qm lädt das Rosarium mit seinen Bänken zum Seele baumeln lassen ein. Insgesamt verströmen hier 35 verschiedene Rosensorten und 18 unterschiedliche Staudenarten sowie elf verschiedene Saisonblumen ihren herrlichen Duft. Das Plätschern des Brunnens sorgt zusätzlich für Urlaubsstimmung. Unmittelbar angeschlossen liegt der Biergarten der „Casa Leonardo", in dem sich Eiscafé und Radler genießen lassen. Auch in unmittelbarer Nähe findet sich ein kleines Freilichtmuseum, das zum Grafschafter Museum gehört. Die kleine, nachgebaute mittelalterliche Stadt verfügt über einen Kerker, ein Backhaus, eine Töpferei und auch einen Stadtturm – ein toller Lernort, nicht nur für Kinder.
www.moers.de

An der Diergardtstraße weiter geradeaus auf der Fahrradstraße und in „Im Ohl“ fahren. Erste Möglichkeit rechts in die Otto-Ottsen-Straße. Am Knotenpunkt 40 weiter geradeaus den gepflasterten Weg fahren und vor den Pöllern rechts in den schmalen Radweg abbiegen. Für gute 2,7 Kilometer diesem schön befahrbaren Weg folgen. Dies ist der Grafschafter Rad- und Wanderweg. An der Landstraße geradeaus fahren, diese queren. Wir kommen in das Örtchen Holderberg und biegen links ab in die Bruchstraße. Zweite rechts, dann abbiegen in den schönen, grünen Radweg. Dann eine Straße queren, weiter geradeaus fahren, links liegt das Pfannkuchenhaus. Der Weg ist ein grüner Tunnel, der uns vorbei an Wiesen und Feldern führt, herrlich befahrbar und wenig frequentiert. Es geht einmal unter der Autobahn hindurch. Am Knotenpunkt 41 links abbiegen. Direkt am Weg liegt nun das Schloss mit seiner weißen Fassade.

Schloss Lauersfort: ein Wasserschloss wie aus dem Bilderbuch

Der Grafschafter
Rad- und Wanderweg
lädt zum Entspannen ein.

Am Weg

Schloss Lauersfort

Ursprünglich als Rittergut für die Herren von Friemersheim erbaut, befindet sich das hübsche Schloss Lauersfort seit 1976 in Privatbesitz. Die älteste Burganlage stammt bereits aus dem 14. Jahrhundert, das heute sichtbare Schlossgebäude wurde um das Jahr 1716 errichtet. Bei Drainagearbeiten wurden auf dem Gelände des Wasserschlosses im Jahre 1857 die so genannten „Lauersforter Phalerae" geborgen. Dies sind aus der griechisch-römischen Antike stammende Platten aus Gold, Silber oder anderem hochwertigen Metall, die vom Militär für besondere Tapferkeit verliehen und an der Brust getragen wurden. Die in Lauersfort gefundenen Phalerae werden heute in der Antikensammlung in Berlin ausgestellt. Wem es reicht, einen Blick auf die Kopien zu werfen, kann diese in der Burg Linn finden. Oldtimer-Fans treffen sich jährlich am Tag der Deutschen Einheit zum „Cars & Castles" Event am Schloss.

Nach dem Abstecher zum Schloss fahren wir, wenn wir aus der Schlossausfahrt kommen, wieder rechts, zum Knotenpunkt 41 zurück, ein kleines Stück unter der Autobahn durch, dann die erste rechts und die erste Möglichkeit wieder links abbiegen. Wenn wir an einem Feld entlang gefahren sind, links rumbiegen, Radwegbeschilderung folgen, ein angesprühtes Haus liegt zur Rechten, ein kleiner See blitzt links durch die Bäume.

Vor den Tennisplätzen rechts fahren, dann links. Die folgende Straße queren, kurz rechts, sofort wieder links, der Radwegbeschilderung folgen. Hier liegt mit „Casa del Gelato" eine beliebte Eisdiele. Weiter auf dem Grafschafter Rad- und Wanderweg radeln. Direkt am Weg liegt dann ein Landgasthaus mit Biergarten. Trifft der Radweg auf eine Landstraße, so muss diese gequert werden, dann links weiterfahren.

Pferdeweiden am Grafschafter
Rad- und Wanderweg

Dem Grafschafter Rad- und Wanderweg weiter folgen, ab und an ein Sträßchen queren.
An einer kleinen Kreuzung, dem Knotenpunkt 42, rechts abbiegen Richtung Neukirchen-Vluyn. Über ein Hofgelände radeln, danach links. Wir radeln nun quer durch das Gelände eines gepflegten Golfplatzes. An der T-Kreuzung links fahren. Am Golfplatz gibt es das italienische Restaurant „Giovanni". An der T-Kreuzung mit dem Geilingsweg rechts herum und der Radwegbeschilderung Richtung Neukirchen-Vluyn folgen. Einem kurzen Rechts- /Linksknick und der Radwegbeschilderung folgen. Durch eine Wohnsiedlung mit gepflegten, blühenden Vorgärten und unter der Autobahn hindurch rollen. Am Vluyner Südring weiter geradeaus fahren, hier liegt das Landhaus Vluyner Stuben. Dann über die Eisenbahnschienen fahren und am Kreisverkehr rechts abbiegen. Erneut unter der Autobahn hindurch und an der folgenden Kreuzung links in die Lintforter Straße abbiegen. Durch Felder und Wiesen geht es weiter, durch ein Wohngebiet, links abbiegen und die erste Möglichkeit wieder rechts, in schmalen Rad- und Fußweg einfahren. Dann geht es am Sportplatz entlang. An der T-Kreuzung rechts fahren, links liegt ein Fußballplatz. Nun dem Rechts- und Links- und nochmal Linksschlenker der Straße folgen. Wenn wir an die Nordstraße treffen, eine Vorfahrtsstraße, weiter geradeaus durch das Wohngebiet fahren. Über die Jahnstraße weiter radeln. An dem Kreisverkehr links in Neukirchener Ring fahren, am nächsten Kreisverkehr rechts fahren.
Vom Kreisverkehr aus kann man am Horizont die Halde Nordkirchen mit dem Kunstwerk in Form eines Hauses darauf sehen. Über die Lindenstraße weiter geradeaus fahren.
An der Vorfahrtsstraße Andreas-Brähm-Straße geradeaus rüberfahren. Der Radwegbeschilderung folgen, rechts in die Heckrathstraße fahren, eine hübsche Allee. An der ersten Möglichkeit links fahren, über die Autobahn fahren und an der T-Kreuzung links. Dann sind wir am Knotenpunkt 45 an dem wir rechts abbiegen. An der folgenden Vorfahrtsstraße geradeaus radeln. Vorbei am Bahnhof Hülsdonk mit Biergarten fahren. Geradeaus über die Hülsdonker Straße rollen.

An der Stopp-Straße links abbiegen und an der Landstraße auf dem separaten Radweg entlang radeln. Bald die Krefelder Straße überqueren. Hier liegt auch die hübsche Aumühle.

Am Weg

Aumühle

Immer am zweiten Freitag im Monat wird morgens der Steinbackofen angeschmissen. Bald duftet es rund um das schöne Mühlengebäude am Bach nach frischem Sauerteigbrot, das ab mittags verkauft wird. Wer selbst hinter das Geheimnis von duftendem Backwerk kommen möchte, der kann sich zu einem der zahlreichen Brotbackkurse anmelden und so sein eigenes Vinschgauer, Saatenbrot oder einen Mohnzopf herstellen.

Das Schmuckstück des Gebäudes stammt übrigens aus dem 17. Jahrhundert. Wer mit dem Blick auf die Mühle rasten möchte, findet direkt dahinter eine hübsche Wiese und eine Bank.

www.aumuehle-moers.de

Eine Landmarke mit Strahlkraft, das „Geleucht".

Abstecher

Halde Rheinpreußen mit dem „Geleucht“

Der Abraum der Zeche Rheinpreußen schuf einen Berg. Auf dem Gipfel dieser 75 Meter hohen Erhebung geht Menschen in nah und fern allabendlich ein Licht auf. Dann werden nämlich die 35 Leuchtmasten angeschmissen, die die vom Künstler Otto Piene geschaffene Skulptur „Das Geleucht“ illuminieren. Aus Stahl wurde hier eine 32 Meter hohe Version der Davy-Lampe nachempfunden, die den Bergleuten im frühen 19. Jahrhundert Licht unter Tage und eine erhöhte Sicherheit schenkte. Denn Sir Humphrey Davy, der Erfinder dieser Lampe, hatte erforscht, dass es durch die offenen Flammen unter Tage zu Schlagwetterexplosionen kommen konnte.
www.das-geleucht.de

An der ersten Möglichkeit rechts abbiegen, über den Parkplatz fahren und schon sind wir wieder im Schlosspark angekommen. Geradeaus über die Brücke mit dem Holzgeländer radeln. An der Gabelung dann links halten. Geradeaus auf die Dr.-H.-Boschheidgen-Straße fahren, an der ersten Möglichkeit links und am Schlossgarten entlangfahren. Dann ist der Ausgangspunkt unserer Tour an der Ecke des Schlossparks vor dem Haus Sedanstraße 1 wieder erreicht.

Gastronomie:

Casa Leonardo
Kastell 17
47441 Moers
Tel.: 02841/20700
www.casa-leonardo-moers.de

Jägerhof Holderberg
Pfannkuchenhaus
Holderberger Str. 150
47447 Moers
Tel.: 02841/96317
www.jaegerhof-holderberg.de

Landhaus Vluyner Stuben
Vluyner-Südring 73
47506 Neukirchen-Vluyn
Tel.: 02845/1655
www.vluyner-stuben.de

Tour 2

- Startpunkt
- Zielpunkt
- Gastronomie
- familienfreundlich
- Naturerlebnis
- Sehenswürdigkeit

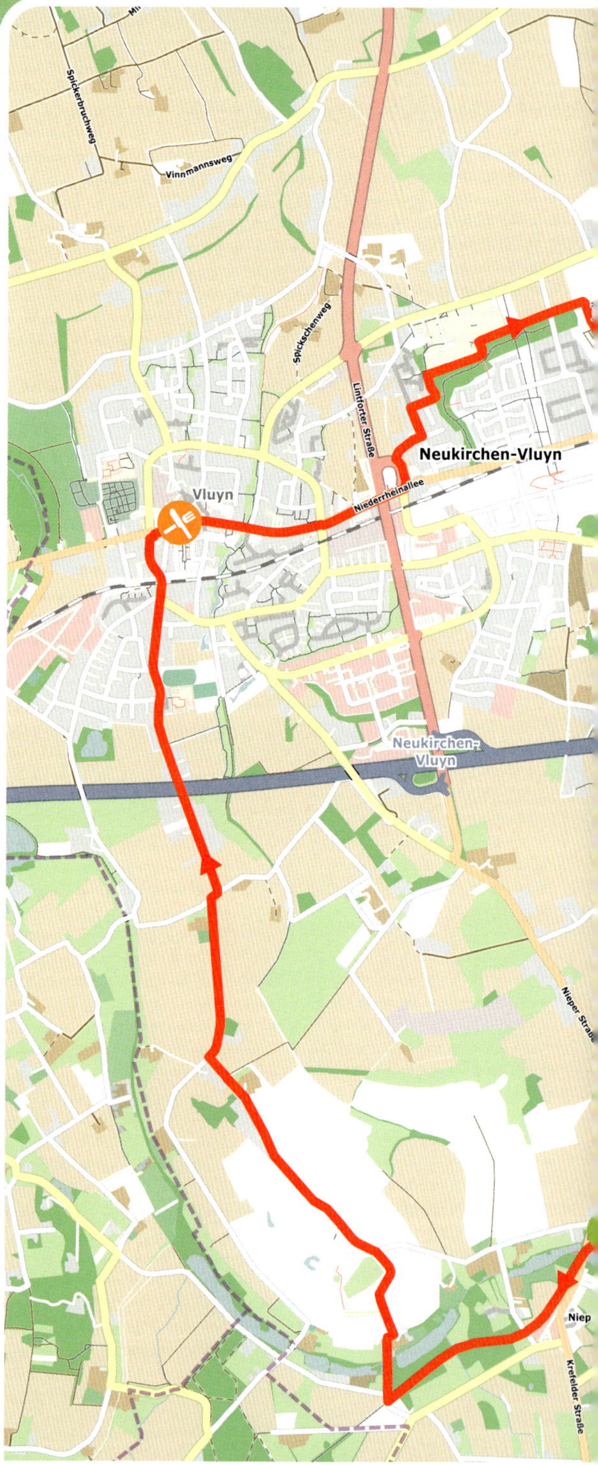

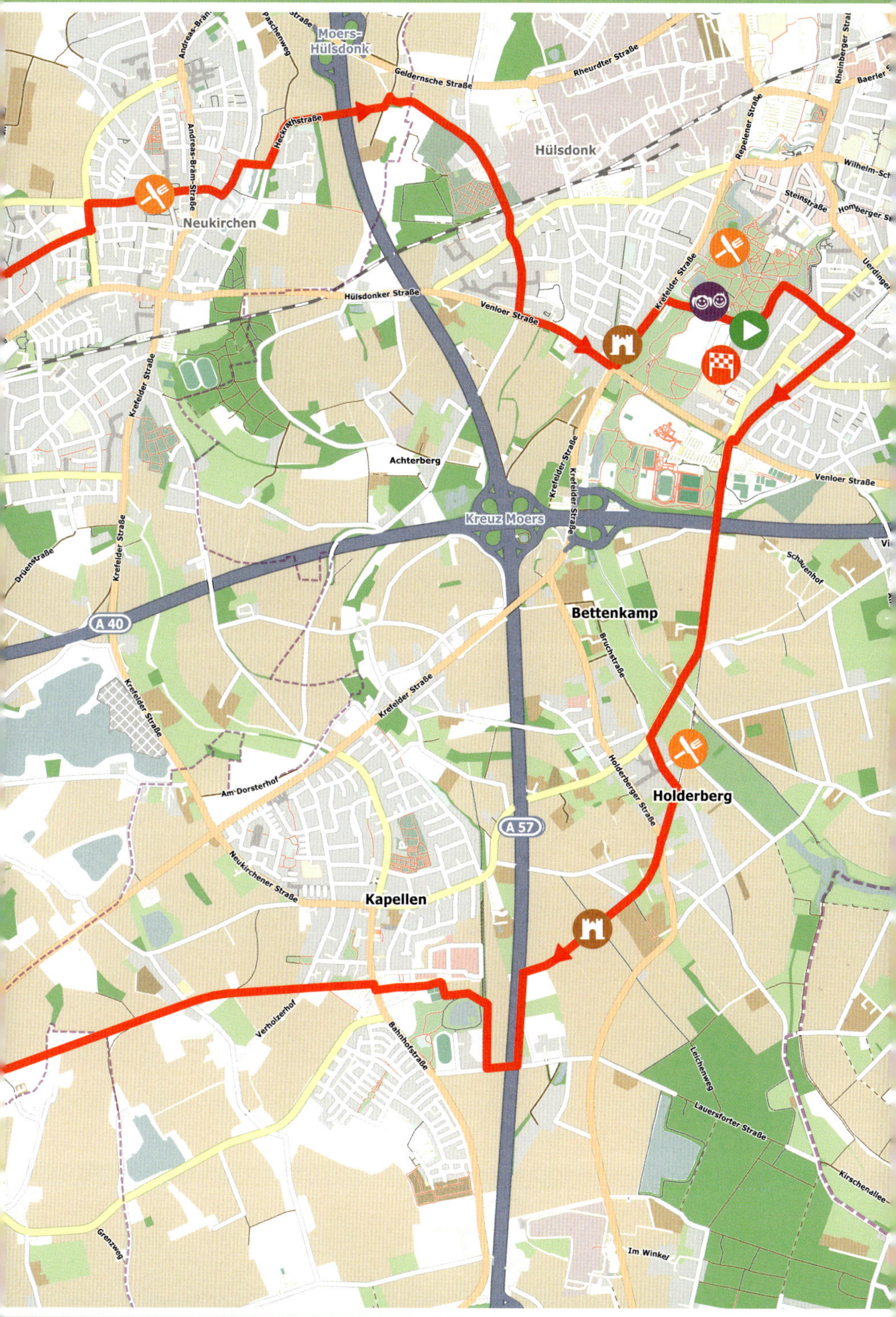
Moers-Hülsdonk
Geldernsche Straße
Rheurdter Straße
Hülsdonk
Heckrathstraße
Paschenweg
Andreas-Bräm-Straße
Neukirchen
Repelener Straße
Rheinberger Straße
Baerler Straße
Wilhelm-Sch
Steinstraße
Homberger Straße
Uerdinger
Krefelder Straße
Hülsdonker Straße
Venloer Straße
Achterberg
Kreuz Moers
Drüenstraße
A 40
Schauenhof
Bettenkamp
Bruchstraße
Holderberger Straße
Holderberg
Am Dorsterhof
A 57
Neukirchener Straße
Kapellen
Verholzerhof
Bahnhofstraße
Leichenweg
Lauersforter Straße
Kirschenallee
Grenzweg
Im Winkel

Die r(h)einste Wundertüte

Vom Gasometer Oberhausen über den Landschaftspark Duisburg-Nord zum Rhein und zurück

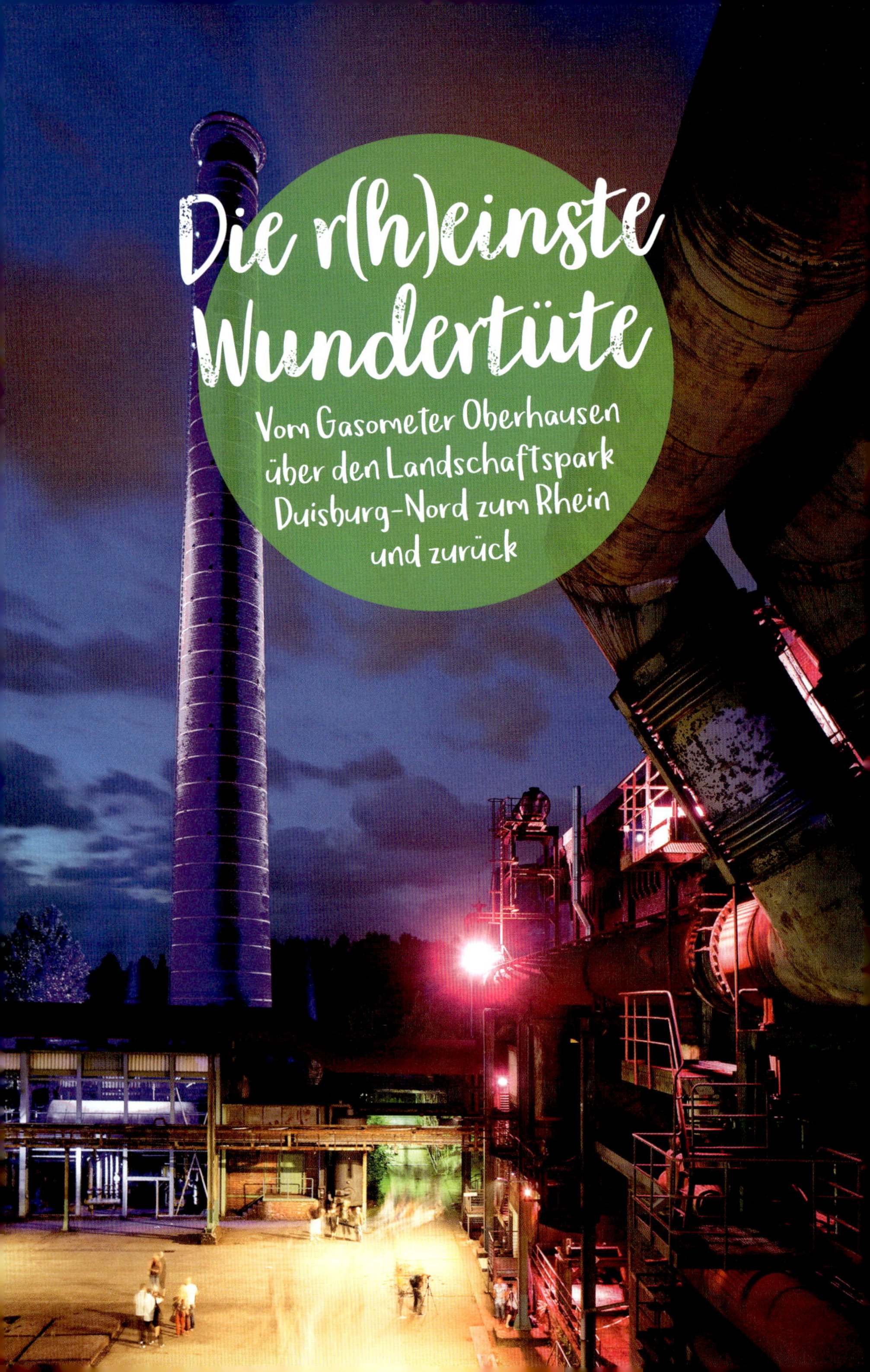

Wer kennt sie nicht aus seiner Kindheit, die beliebte Wundertüte vom Büdchen um die Ecke? Prall gefüllt war sie und neben spannenden, schönen, glitzernden Dingen war auch immer etwas drin, was einem nicht so gefallen hat. Ähnlich verhält es sich mit dieser Tour.

Der Gasometer, die coole „Slinky Springs to Fame"-Brücke, herrliche Radwege entlang des Rhein-Herne-Kanals und auf der ebenfalls autofreien, grünen HOAG-Trasse. Dann ein Abstecher zur „Horst-Schimanski-Gasse" und zu Vater Rhein, auf dessen Damm man herrliche Weitblicke genießt. Und schließlich eine Runde direkt durch den spektakulären Landschaftspark Duisburg-Nord mit seinen „rostigen Riesen" – Was für eine Mischung! Dazwischen geht es allerdings durch Wohnsiedlungen und auch mal für ein Verbindungsstückchen an einer befahrenen Straße entlang. Zum Glück immer auf einem separaten Radweg!

Tour 3

2:00 Std. | 30 km | 80 Meter

Start/Ziel: Gasometer Oberhausen, Arenastraße 11, 46047 Oberhausen

Wegbeschaffenheit: Überwiegend sehr gut befahrbare Naturwege und Asphalt

Anreise mit ÖPNV: Ab Oberhausen Hauptbahnhof mit jedem Bus oder jeder Bahn ab Terminal 1 bis zur Haltestelle „Neue Mitte". Von dort aus kurzer Fußweg zum unübersehbaren Gasometer.

Besonderheiten: Mit dem Gasometer, der Slinky Springs to Fame-Brücke, dem Landschaftspark Duisburg-Nord, dem Duisburger Hafen, dem Rheinuferweg und der herrlich befahrbaren HOAG-Radtrasse hat diese Tour lauter kleine Highlights unterwegs zu bieten.

Wegbeschreibung:

Startpunkt ist am Gasometer in Oberhausen. Wenn wir vor dem Eingang stehen und Richtung Turm blicken, biegen wir rechts herum und radeln unter der Brücke hindurch. An der ersten Möglichkeit dann links abbiegen, unter einer Brücke hindurch und direkt danach links abbiegen.
Dann geht es einen kleinen Anstieg hinauf, auf eine Brücke über den Rhein-Herne-Kanal. Wir biegen rechts ab und schlängeln uns in mehreren Kurven runter auf den Radweg am Ufer. Unten angekommen, biegen wir rechts ab, so dass wir den Kanal zu unserer Linken haben. Dann geht es einen kleinen Schlenker nach rechts vom Ufer des Kanals weg. Wir folgen dem Weg und biegen dann am rosa angestrichenen „Bootshaus" auf den Parkplatz und fahren hier nicht die Schräge hinauf auf die Straße. Schnell ist wieder der Uferweg erreicht und wir sehen die Brücke „Slinky Springs to Fame".

Am Weg

Slinky Springs to Fame

Angelehnt an ein Kinderspielzeug ist dem Architekten Tobias Rehberger mit der Brücke „Slinky Springs to Fame" ein einzigartiges, begehbares Kunstwerk gelungen. Dabei war die Gestaltung nicht nur eine künstlerische Herausforderung. Auch in Sachen Konstruktion und Statik war Kreativität gefragt. Denn für die vielen passierenden Containerschiffe musste eine Höhe von zehn Metern erreicht werden. Mit einer Gesamtlänge von 350 Metern ist die Spannbandbrücke ein echtes Einzelstück, das mit seinen bunten Farbfeldern auf der Lauffläche nicht nur Kids zum Hüpfen einlädt.
Wer über die Brücke ans andere Ufer geht, landet am Kaisergarten. Bei freiem Eintritt kann man hier ganz besondere Einwohner Oberhausens treffen, denn hier leben Luchse, Alpakas, Landschildkröten, Waschbären, Mufflons, Zwergziegen, Seidenhühner und Meerschweinchen.
www.emscherkunst.de

Slinky Springs to Fame: eine Brücke als Erlebnis

Erncut führt uns der Weg rechts vom Ufer weg. Links liegt das Niederrheinstadion. An der Lindnerstraße links abbiegen. Vor der Autobahnbrücke biegen wir rechts ab in die Max-Eyth-Straße. Dem Linksknick folgen, dann biegen wir direkt unterhalb der Brücke rechts rein, um uns hier links zu halten und auf die blau-weiß gestreiften drei Pöller zuzufahren. Dann sind wir auf dem radfreundlichen Emscherweg. Wir radeln auf eine Brücke zu, auf der „Grüner Weg" steht, biegen oben links ab und befinden uns damit auf der HOAG-Trasse. (Knotenpunkt 13). Dieser bleiben wir bis zum Landschaftspark Duisburg-Nord treu, der am Knotenpunkt 25 liegt.

Einzigartige Fotomotive an jeder Ecke bieten sich im Landschaftspark.

Am Weg

Landschaftspark Duisburg-Nord

Wo früher malocht wurde, wo in 82 Jahren mehr als 57 Millionen Tonnen Roheisen produziert wurden, wird heute geklettert, getaucht und flaniert. Denn das rund 200 Hektar große Industrieareal wurde in einen Landschaftspark umgewandelt. Im ehemaligen Gasometer befindet sich das größte künstliche Tauchrevier Europas, der Alpenverein nutzt die Erzbunker für Kletterpartien und allabendlich hüllt die Lichtinstallation des britischen Künstlers Jonathan Park die alten Industrieanlagen in bunte Farben. Eine sehr gute Aussicht bietet sich von der Aussichtsplattform am ehemaligen Hochofen 5. Wer die Stufen bis auf eine Höhe von 80 Metern hochgeklettert ist, sieht auf einen Blick, wie sich das Ruhrgebiet gewandelt hat.
www.landschaftspark.de

Wer möchte, kann bereits jetzt am Landschaftspark Halt machen oder auf der Rückfahrt die „rostigen Riesen" entdecken. Kurz nach dem Landschaftspark zur Rechten, wenn rechts eine Holzbank am Weg steht, biegen wir links ab. Es geht etwas abschüssig – unten angekommen, sehen wir auch ein Fahrradschild. Hier biegen wir links ab, die zweite Möglichkeit rechts in die Laaker Straße. Schließlich stoßen wir auf die Augustastraße, eine beampelte Kreuzung, hier weiter geradeaus. Treffen wir dann auf eine T-Kreuzung und gleichzeitig auf die Fußgängerzone, biegen wir links ab und an der ersten Möglichkeit direkt wieder rechts in die Ritterstraße. Bahnhofsstraße queren. Dann führt der Weg in einen schmalen Fuß- und Radweg, an dessen Ende links fahren. Dies ist die Nachbarstraße, die sofort auf die Borghoferstraße trifft, diese überqueren. Dann parallel zu einer Sportanlage und einem blauen Zaun zur Linken fahrend, geht es in eine kleine Allee, die am Ende einen Linksknick macht. An der Kornstraße sofort wieder rechts. An der ersten Möglichkeit links in den „Hüttekamp" fahren. Am Ende dieser kleinen Straße fahren wir rechts in die Zappenbrückstraße. An der T-Kreuzung rechts. Dies ist die Emmericher Straße, die wir einmal queren müssen, um rechts weiter zu fahren. An der ersten Ampel queren wir die Straße, dann links abbiegen und über Brücke.

Gute Radbeschilderung unterwegs, nicht nur am Ruhrwehr

Direkt am Ende der Brücke biegen wir rechts ab, eine kleine Schräge hinab. Gabelt sich der Weg, links fahren, es geht bergan und dann parallel zur Straße auf einem Radweg. An der ersten Möglichkeit, vor der Brücke, biegen wir rechts in die Emmericher Straße und fahren diese geradeaus. Dann biegen wir nach Altglascontainern zur Linken links ab in einen Weg, der uns durch ein kleines Wäldchen führt.
Unser Weg macht eine Linkskurve, danach fahren wir auf dem Damm oberhalb des Wassers. Es geht hinauf auf eine Brücke, und dann runter auf einen Radweg. Oberhalb einer Straße radeln wir auf einem Radweg, der an eine kleine Allee erinnert. Dieser Weg macht einen Linksknick, führt uns über eine Brücke, an dessen Ende wieder rechts fahren. Dann macht der Radweg einen Linksknick und führt uns über die nächste Brücke. Am Ende der Brücke mit dem blauen Geländer biegen wir an der ersten Möglichkeit rechts ab (Richtung Knotenpunkt 29). Nach einem kurzen Stück vor der blauen Brücke, geht es wieder hinauf auf Straßen-Niveau. Rechts abbiegen und über diese blaue Brücke fahren. Es geht über zwei weitere Brücken immer weiter geradeaus. Schließlich biegen wir, am Gebäude der Wasserschutzpolizei, links in die Krausstraße ab.
Der Radweg macht einen leichten Rechtsschlenker an einem blauen Holzkran auf dem Gustav-Sander-Platz, danach wieder etwas links herum. Anschließend liegt links die Horst-Schimanski-Straße, zu Ehren der hier gedrehten Krimifolgen mit Götz George.

Beliebtes Museumsschiff: der Seitenrad-Schleppdampfer Oscar Huber

Am Weg

Hafenflair

Viel los auf dem Wasser hier. Kein Wunder, mündet in Duisburg doch die Ruhr in den Rhein. Mitten im Ruhrgebiet liegt mit dem Duisburger Binnenhafen der größte seiner Art weltweit. Ganze 180 Hektar und 21 Hafenbecken umfasst die Anlage. Von Duisburg in die Welt werden Waren jeglicher Art transportiert, oft über die Seehäfen von Hamburg, Emden, Antwerpen, oder Amsterdam. Ein Besuch im Museum der Deutschen Binnenschifffahrt oder eine Hafenrundfahrt gibt spannende Einblicke ins Thema. Im Duisburger Innenhafen steht hingegen das Freizeitvergnügen an erster Stelle. Rund 15 verschiedene Lokale, von der Tapasbar bis zum Steakhaus laden zum Schlemmen ein.
www.binnenschifffahrtsmuseum.de und www.innenhafen-portal.de

An der Gabelung links fahren, näher ans Ufer. An der Rheinpromenade angekommen (Richard-Hindorf-Platz), laden Bänke zum Verweilen ein. Wir haben den Rhein weiterhin auf der linken Seite liegen, fahren geradeaus über die Brücke mit dem hellblauen Geländer. Von der Brücke bieten sich schöne Blicke auf den Rheinstrand. Wenn wir fast am Fuße der Brücke sind, fast ganz hinabgerollt, dann haben wir den Knotenpunkt 26 erreicht. Hier links ab Richtung Rheinufer. Wir radeln erhöht auf dem Deich. Am Knotenpunkt 24 rechts eine Schräge hinabfahren zum Spielplatz.
Unten angekommen, stoßen wir auf eine kleine Straße, hier rechts und sofort wieder links in die Meerbergstraße, direkt unter einer Brücke hindurch. Nach der Brücke biegen wir sofort wieder rechts ab in einen geschotterten Weg, der bergauf führt. Oben angekommen biegen wir sofort links, dem Radschild folgend. Nach einem Haus biegen wir rechts ab, Radschild folgen und auf eine grün-weiße Schallschutzwand zu, dann parallel zu einer Eisenbahnlinie weiter. Schließlich führt uns der Weg in einer Linkskurve nach unten, diese queren wir und biegen direkt vor dem Lidl links ab in die Möllershofstraße. An der T-Kreuzung links abbiegen und unter einer Brücke hindurch.

Danach biegen wir in die Neanderstraße, die in die Andreas-Hofer-Straße übergeht. Dies ist eine Einbahnstraße, der wir folgen. Dann stößt man auf die Frankenstraße, biegt hier links und an der ersten Möglichkeit wieder rechts in die Bruckhauser Straße. Diese trifft dann an einer Ampelkreuzung auf „Lange Kamp", hier rechts. Man gelangt dann an einen Verkehrskreisel mit einem Kohlenwagen, hier rechts in die Papiermühlenstraße biegen. Kurz nachdem wir unter einem großen braunen Metallrohr gefahren sind und vor der grünen Brücke biegen wir links in einen Radweg mit hellblauem Geländer, der bergauf führt. Oben angekommen wartet zum Glück wieder ein herrlicher, durch grüne Landschaft führender, gekiester Radweg. Wir radeln parallel zu einem Wasserlauf. An der stark befahrenen Straße biegen wir links ab und fahren direkt unter einer Brücke hindurch. Nachdem es unter zwei weitere Brücken hindurch gegangen ist, biegen wir rechts ab (Radwegbeschilderung folgen) und fahren durch eine kleine Allee bergan. Dann sind wir wieder auf dem herrlichen Radweg „Grüner Pfad". Wir queren die Autobahn 59 und lassen den lärmenden Teil dieser Tour hinter uns. Dann taucht wieder die beeindruckende Silhouette vom Landschaftspark vor uns auf, wir radeln direkt über dieses spektakuläre Gelände. Wenn vor uns ein rostiger, eckiger Turm erscheint, fahren wir rechts herum, folgen den Radschildern. Wir biegen links ab, fahren dann mitten durch die alte Anlage und am Ende wieder rechts ab, auf die zwei Türme zu. Schließlich befinden wir uns wieder am Knotenpunkt 25 und auf der wunderbaren HOAG-Trasse.
Hier links abbiegen Richtung Gasometer. Wir fahren wieder auf dem Stück Trasse, auf dem wir schon auf dem Hinweg das reinste Radvergnügen hatten. Am Knotenpunkt 13, vor einer Brücke, biegen wir wieder rechts ab und rollen begab auf den Emscherweg. Schließlich führt uns dieser hinab, unter der Brücke hindurch, bis auf die Max-Eyth-Straße, hier links und dann an der T-Kreuzung wieder links in die Lindnerstraße. Hier parallel zur Straße auf dem Radweg fahren. Am Stadion Niederrhein biegen wir dann rechts rein und fahren wieder an den Kanal. Es geht nun wieder am Ufer entlang, unter der Slinky Springs to Fame-Brücke und auch unter der Sterkrader Brücke

Zurück zum Landschaftspark geht es durch diese hübsche Allee.

hindurch. Danach Linksschlenker um das rosafarbene „Bootshaus" fahren und zurück zum Ufer des Rhein-Herne-Kanals. Dann biegen wir unter der Eisenbahnbrücke (Knotenpunkt 9) links ab und schlängeln uns den Radweg zur Brücke hinauf. Oben angekommen links. Auf der Brücke biegen wir links rum, folgen dem Radweg, der uns hinab an eine Straße führt, hier sofort rechts fahren und unter einer Brücke hindurch. Wenn wir auf eine Straße treffen, biegen wir rechts ab, fahren unter der Brücke hindurch und haben unseren Ausgangspunkt Gasometer wieder erreicht.

Gastronomie:

Das Clubhaus am Gasometer
Arenastr. 3
46047 Oberhausen
Tel.: 0176/44485190

Restaurant Hauptschalthaus
Emscherstraße 71
47137 Duisburg
Tel.: 0203/41799180
hauptschalthaus@googlemail.com
www.hauptschalthaus.com

L'Osteria Duisburg
Schifferstraße 190
47059 Duisburg
Tel.: 0203/39345540
https://losteria.net

Tour 3

Startpunkt

Zielpunkt

Zwischenziel

Parkplatz

Fahrradstrecke

Gastronomie

Aussichtspunkt

Fotospot

Sehenswürdigkeit

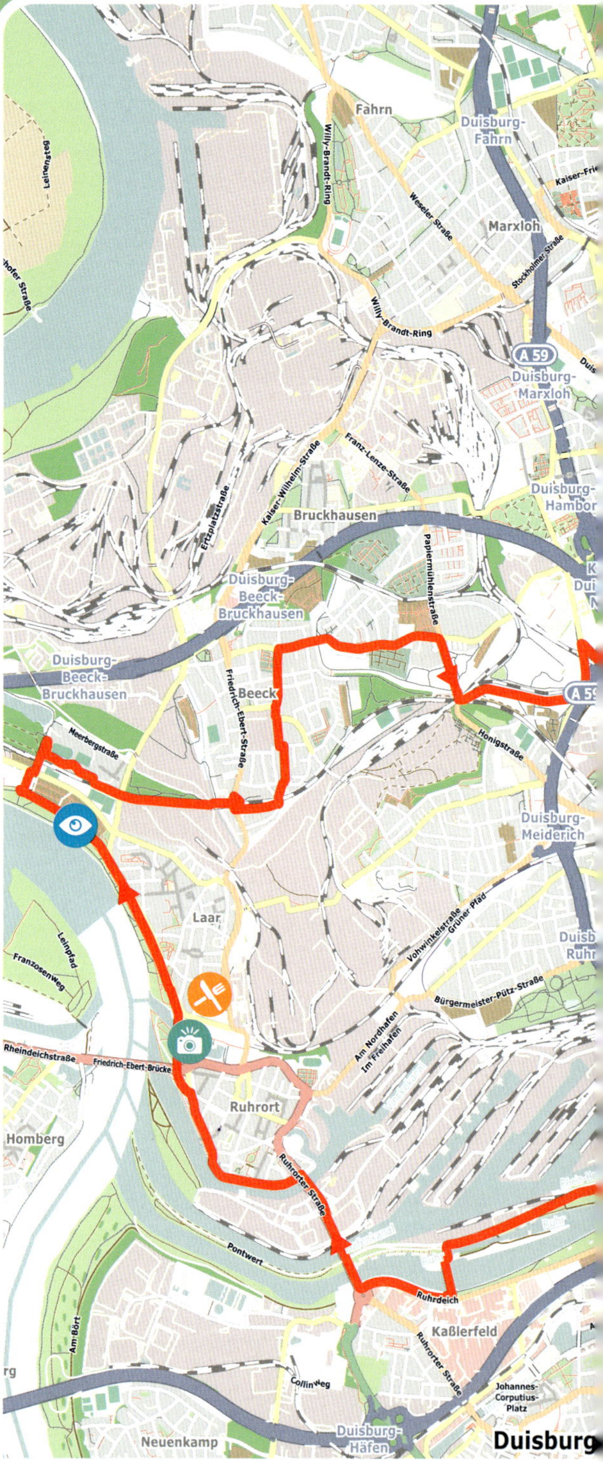

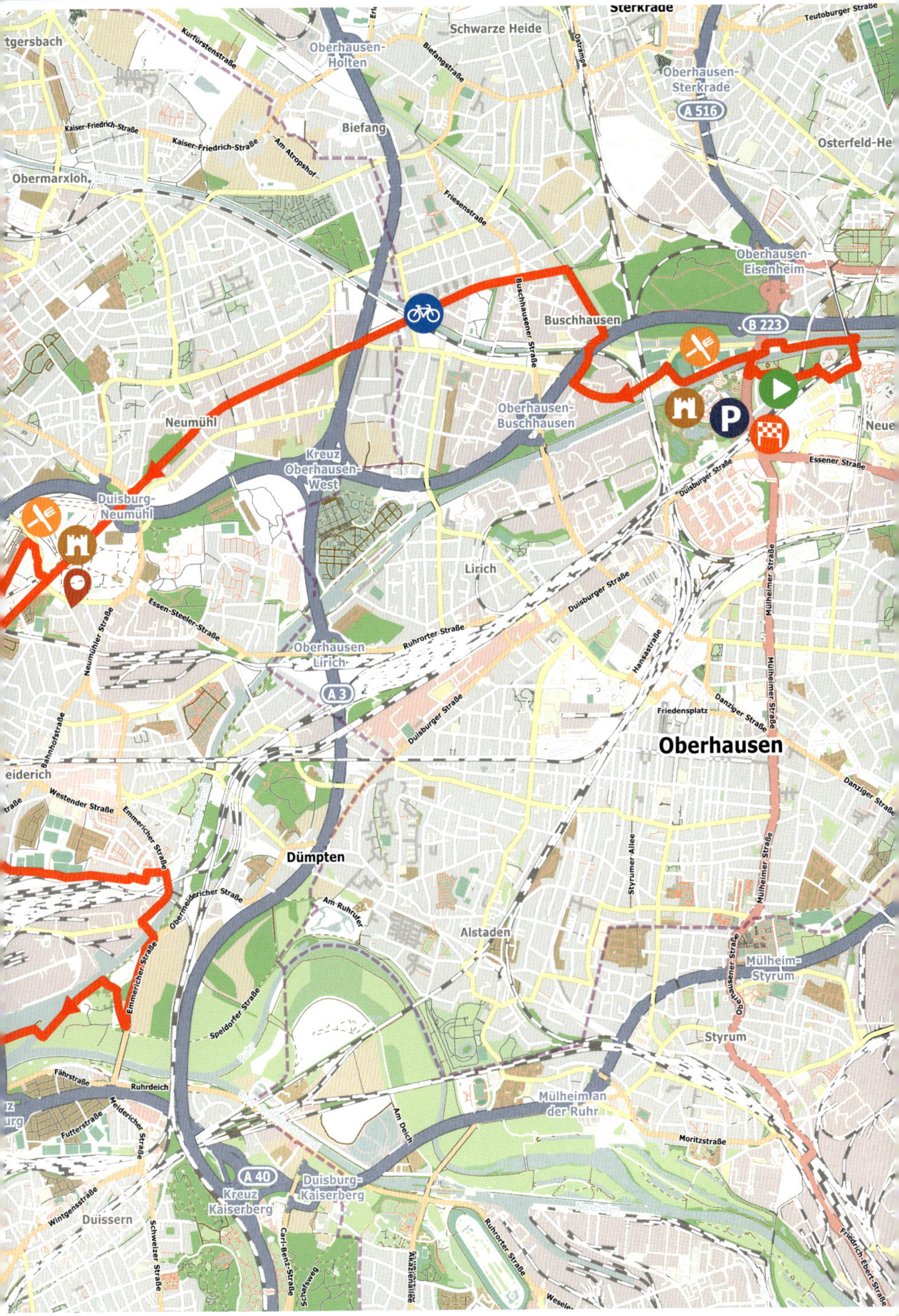

Sterkrade
Teutoburger Straße
tgersbach
Kurfürstenstraße
Oberhausen-Holten
Schwarze Heide
Biefangstraße
Ostrampe
Oberhausen-Sterkrade
A 516
Kaiser-Friedrich-Straße
Kaiser-Friedrich-Straße
Am Atropshof
Biefang
Osterfeld-He
Obermarxloh
Friesenstraße
Oberhausen-Eisenheim
Buschhausener Straße
Buschhausen
B 223
Neumühl
Oberhausen-Buschhausen
Neue
Kreuz Oberhausen-West
Essener Straße
Duisburger Straße
Duisburg-Neumühl
Lirich
Mülheimer Straße
Duisburger Straße
Essen-Steeler-Straße
Neumühler Straße
Ruhrorter Straße
Hansastraße
Oberhausen Lirich
A 3
Friedensplatz
Danziger Straße
Bahnhofstraße
Duisburger Straße
Oberhausen
eiderich
Westender Straße
Danziger Straße
Emmericher Straße
Mülheimer Straße
Styrumer Allee
Dümpten
Obermeidericher Straße
Am Ruhrufer
Alstaden
Emmericher Straße
Mülheim-Styrum
Speldorfer Straße
Styrum
Fährstraße
Ruhrdeich
Meidericher Straße
Futterstraße
Am Deich
Mülheim an der Ruhr
Moritzstraße
A 40
Kreuz Kaiserberg
Duisburg-Kaiserberg
Wintgensstraße
Duissern
Schweizer Straße
Carl-Benz-Straße
Schafweg
Akazienallee
Ruhrorter Straße
Friedrich-Ebert-Straße

Kinderleichte Heidepartie

Durch die Kirchheller Heide in Bottrop

Ein abwechslungsreiches Landschaftsparadies ist die Kirchheller Heide, die vom Städte-Dreieck Oberhausen, Bottrop und Dinslaken eingerahmt wird. Mit seinen moorigen Niederungen, seinen saftig grünen Wäldern und ausgedehnten Heideflächen finden sich in diesem Gebiet gleich mehrere Naturschutzgebiete.

Für Familien bildet der Heidhof mit seinem großzügigen Spielplatz einen tollen Höhepunkt der Tour. Daneben bilden der „Pfingstsee" und der „Weihnachtssee" schöne Etappenziele. Aber auch am Startpunkt, der Grafenmühle, gibt es mit einem Minigolfplatz und netten Restaurants jede Menge Möglichkeiten, sich die Radtour mit Spiel, Spaß, erfrischenden Getränken und Leckereien zu versüßen. Da die Runde kurz und kurzweilig ist, ist sie perfekt für Familien und nicht ganz so geübte Radfahrer geeignet. Nur an drei Stellen muss eine Straße überquert werden, ansonsten heißt es: Freie Fahrt voraus!

Tour 4

1:00 Std. | 14,7 km | 40 Meter

Start/Ziel: Knotenpunkt 17 „Grafenmühle", Parkplatz Am Alter Postweg/Rotbachtal, Nähe Grafenmühle, schräg gegenüber vom Landhaus Alter Brunnen, Alter Postweg 103, 46244 Bottrop

Wegbeschaffenheit: Sehr gut befahrbare Asphalt- und Naturwege

Anreise mit ÖPNV: Anreise über Bahnhof Bottrop mit RE 14, RE 44 oder S9 oder Gladbeck Ost RB 43 zwischen Dorsten und Dortmund angefahren, von dort je 9 km

Besonderheiten: Zum Ende der Tour führt uns der geschwungene Radweg über einen schmalen Pfad trockenen Fußes „durch" den Pfingstsee. Wer möchte, kann die Tour verlängern und einen Abstecher zur fotogenen Halde Haniel unternehmen.

Wegbeschreibung: Wir starten an dem Parkplatz Alter Postweg/Ecke Rotbachtal, schräg gegenüber vom „Landhaus Alter Brunnen". Dies ist der Knotenpunkt 17 „Grafenmühle". Ab hier folgen wir der Beschilderung Richtung Heidesee, die uns zunächst geradeaus und dann rechts herum führt. Es geht über einen asphaltierten und doch etwas holprigen Weg durch den herrlichen Wald. Am T-Stück links fahren, der Radweg-Beschilderung folgen, die uns anschließend durch ein paar Kurven führt. Schließlich liegt links das Ufer des Heidesees und wir radeln rechts herum weiter. Am Ufer entlang, dann ist Knotenpunkt 18 erreicht und wir biegen rechts ab. Vorbei an Pferdewiesen kommen wir an die Straße Alter Postweg, die wir queren müssen. An der Straße Sensenfeld biegen wir links ab. Diese schöne Allee ist wenig befahren und herrlich breit und asphaltiert und geht dann über in die Utschlagstraße. Dann geht es links ab in den Hedkamp, dann rechts und links herum und schließlich in die Straße Grotenweg. Auf dem nun folgenden Stück finden sich auch zwei Hofläden, die zum Einkauf einladen. Dann kommt man an die etwas stärker befahrene Dinslakener Straße, die wir überqueren und dann links parallel zur Straße entlang radeln. Mit Naturschutzgebieten zur Rechten und der Straße zur Linken fahren wir auf einem hervorragend asphaltierten Radweg. Rechts liegt, nachdem wir den Mischwald verlassen haben, der Flugplatz „Schwarze Heide".

Dann weist ein Schild nach links Richtung Heidhof, hier überqueren wir die Straße und folgen dem Schild. Der Heidhof ist unser nächstes Etappenziel. Schließlich dem Radwegschild nach links folgen und in das Naturschutzgebiet fahren. Eine rot-weiß gestreifte Schranke muss umfahren werden, rechts liegt eine Schutzhüt-

Die zahlreichen Wasserflächen bieten zauberhafte Ausblicke.

te. Weiter geht es durch den dichten Wald, vor dem Seeufer dann rechts herum, hier steht eine hübsche Holzstele, die zum Heidhof weist.

Am Weg

Hermann-Löns-Denkmal

Ein dickes Ding ist er, dieser Quarzfindling aus der Tertiärzeit, der das Herzstück des Hermann-Löns-Denkmals bildet, das direkt am Wegesrand steht. Bei Rodungsarbeiten im Jahre 1922 entdeckt, musste dieser 3500 Kilogramm schwere Quarzblock mit der Inschrift „Hermann Löns" schon zwei Mal versetzt werden und hat nun am Heidhofsee sein endgültiges Zuhause gefunden. Er erinnert an den Heimatdichter, der die offene Heidelandschaft, die von Sandwegen durchkreuzt wird, sehr schätzte. „Laß deine Augen offen sein, geschlossen deinen Mund, und wandle still, so werden dir geheime Dinge kund" empfahl der Heidedichter, der von 1866 bis 1914 lebte.

Ein Stück weiter ist dann bereits der Heidhof erreicht, der links vom Weg liegt und in dem u. a. ein Kiosk mit Erfrischungen untergebracht ist. Auf der rechten Seite befindet sich der weitläufige Spielplatz und schattige Picknickbänke.

Am Weg

Heidhof

Ein toller Spielplatz lädt hier Kinder zum Klettern, Buddeln, Verstecken, Kicken, Schaukeln, Rennen und Entdecken ein. Es gibt unter anderem einen Buchentunnel zum Hindurchschlendern, einen Kletterberg, Wippen, Rutschen und eine hölzerne Infotafel mit Tipps, zum Erschnuppern, Ertasten und Entdecken, alles nach dem Motto: Mit allen Sinnen die Natur erleben.

Der Industrielle Friedrich Grillo ließ sich an diesem Ort im Jahre 1910 einst sein Jagdschlösschen bauen, das leider nicht mehr erhalten ist. Später wurden die Wirtschaftsgebäude errichtet. Inzwischen hat der Regionalverband Ruhr (RVR) den Heidhof mitsamt 2000 Hektar Wald erworben und zum Wald-Kompetenz-Zentrum ausgebaut. Die ökologische Waldwirtschaft, die hier betrieben wird, lässt naturnahe Waldlebensräume entstehen, u. a. in den durch Bergsenkungen entstandenen vernässten Gebieten. Neben Führungen zum Thema Naturschutz dient der Heidhof auch zur Messung von Erschütterungen in Folge des Bergbaus vom ehemaligen Steinkohlenbergwerk Prosper Haniel.

www.rvr.ruhr

Dann geht es weiter auf dem Radweg, den Heidhof zur Linken hinter uns lassend, der Weg vollzieht dann einen Rechtsknick. Es folgt ein Rechts-Links-Knick, der gut ausgeschildert ist. Nun stoßen wir auf einen mythisch wirkenden See, wir radeln an diesem entlang, mit dem Wasser zur Rechten, am Ende macht unser Weg einen Rechtsknick. Dann biegen wir links ab, der Radbeschilderung Richtung Grafenmühle folgend. In einem S-förmigen Schlenker führt der Radweg mitten durch den See hindurch – die Landschaft wirkt hier moorig, mystisch und mit etwas Glück hört man Kröten und sieht Fischreiher im Wasser stehen.

Am Weg

Naturpark Hohe Mark

Die Kirchheller Heide liegt mit ihren spiegelglatten Seen, in denen sich die Wolken spiegeln, im Naturpark Hohe Mark. Mit seinen 1978 qkm Fläche ist er der größte Naturpark in Nordrhein-Westfalen. Im Jahre 1963 gegründet, beeindruckt der Park, der sich von Wesel im Westen bis nach Lüdinghausen im Osten zieht, durch seine Vielfalt an Landschaften. Wald, Wiesen, Moore, Waldgebirge, die Niederungen der Lippe und zahlreiche Seen bilden ein Paradies für die Tier- und Vogelwelt. Und auch für Freizeitsportler! Rund 1530 Kilometer Radwege und ganze 3890 Kilometer Wanderwege hat der Naturpark zu bieten. Wer einmal den Wanderschuh schnüren möchte, um zu einer Fernwanderung aufzubrechen, kann den einzigartigen Naturpark auch auf der Qualitätswanderroute „Hohe-Mark-Steig“ entdecken.
https://naturpark-hohe-mark.de

Der Pfingstsee im Naturschutzgebiet
Kirchheller Heide

Im weiteren Verlauf liegt links eine Schutzhütte, danach kommen wir an eine T-Kreuzung, an der wir links abbiegen und sofort wieder rechts der Beschilderung Richtung Grafenmühle folgen. Durch den herrlich schattigen Wald radelnd gelangen wir an eine Kreuzung mitten im Wald und folgen rechts der Radwegbeschilderung.
Dann ist unser Ausgangspunkt wieder erreicht.

Auf dem Gipfel der Halde Haniel stehen die „Totems".

Abstecher

Halde Haniel

Sie ist wohl die fotogenste Halde im Ruhrgebiet – und mit einer Höhe von 159 Metern auch eine der höchsten. Entstanden aus dem Abraum der Steinkohlezeche Prosper-Haniel, ist sie heute ein beliebtes Ausflugsziel für Groß und Klein. Schließlich führen 15 Stationen eines Kreuzweges entlang des Wegs nach oben und ein echtes Gipfelkreuz gibt es auch. Dieses wurde einst anlässlich des Besuches von Papst Johannes Paul II. aufgestellt. Am Gipfel bieten die bunt bemalten „Totems" des baskischen Malers und Bildhauers Agustín Ibarrola einen echten Hingucker – genau wie das beeindruckende Amphitheater.
Zur Halde ist es von hier aus 4,5 Kilometer, der Weg ist gut ausgeschildert.

Gastronomie:

Woodpeckers Roadhouse
Zur Grafenmühle 147
46244 Bottrop
Tel.: 02045/410048
www.woodpeckers-roadhouse.de

Bistro zum Heidhof
Zum Heidhof 25
46244 Bottrop-Kirchhellen
Tel.: 02045/40560
Zwischen Ostern und Herbstferien geöffnet
www.rvr.ruhr

Landhaus Zum Alten Brunnen
Alter Postweg 103
46244 Bottrop
Tel.: 02045/414719
zumaltenbrunnenbottrop.de

Tour 4

- Startpunkt
- Zielpunkt
- Zwischenziel
- Gastronomie
- Freizeitspaß
- familienfreundlich
- Naturerlebnis
- Aussichtspunkt
- Fotospot

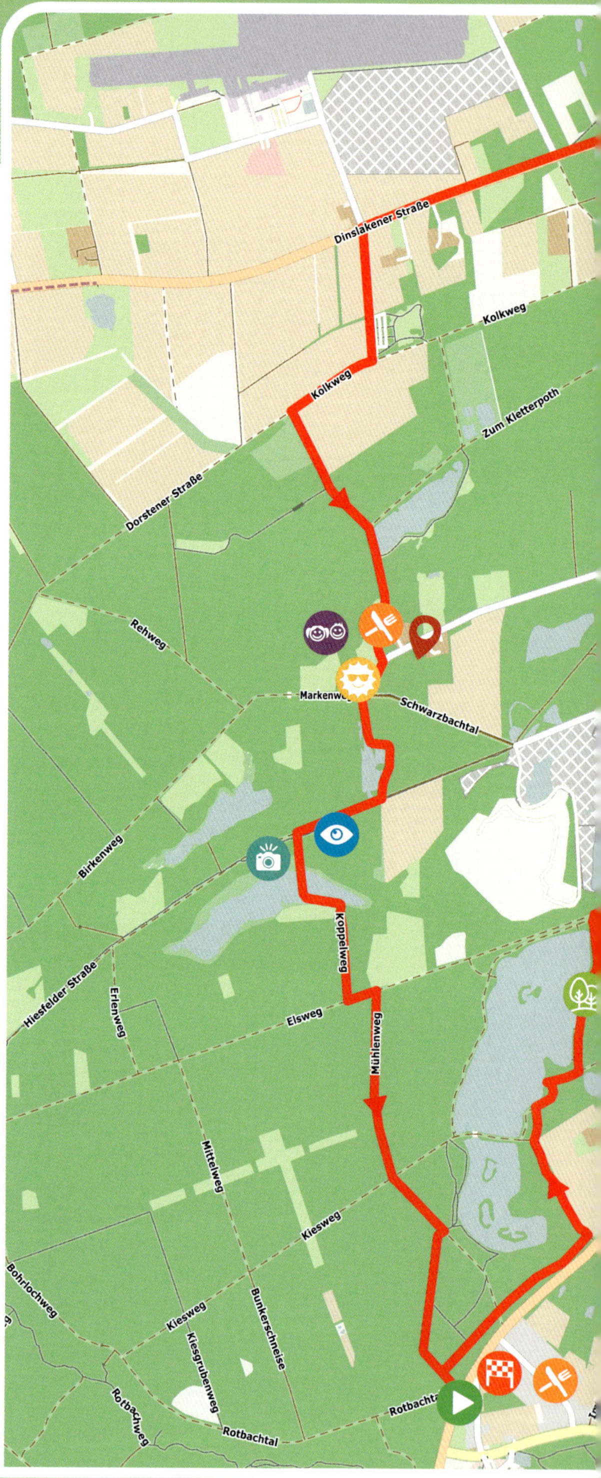

Alter Postweg
An der Linde
Hofwiese
Münsterstraße
Im Pinntal
Pelsstraße
Auf der Höhe
Zum Kletterpoth
Scheideweg
Blaufärberweg
Alleestraße
Bottrop-Kirchhellen
Kirchhellen
Am Ruhl
Grüteringsfeld
Heuweg
Wiesental
Holthausen
Im Nieland
Rentforter Straße
A 31
Gladbeck
Schlehdorn
Töfflinger Straße
Am Schleitkamp
Bottroper Straße
Burenbrock
Grafenwald
Prozessionsweg

Vom Bernepark zum Radquadrat

Entdeckertour durch Bottrop mit Schlenker zum Tetraeder

Eine Tour für Leute mit Entdeckergeist, die etwas Neues sehen und erleben wollen. Eine Tour zwischen alt und neu, Industriecharme, der Zeche Prosper Haniel, kohlschwarzen und blitzblank renovierten Bergarbeiterhäusern, Strukturwandel par excellence und dem gepflegten Stadtgarten als grüne Oase.

Den Höhepunkt bildet im wahrsten Sinne des Wortes die Halde Emscherblick mit der begehbaren Tetraeder-Skulptur. Das Museum Quadrat bildet den Wendepunkt der Tour und gleichzeitig das kulturelle Highlight.
Die wohl kurioseste Übernachtungsmöglichkeit des Reviers in einem ausstaffierten Betonrohr liegt an unserem Startpunkt, dem sehenswerten Bernepark. Für ein gutes Stück folgt diese Tour der im wahrsten Sinne des Wortes ausgezeichneten Radroute RadQuadrat. Schließlich ergatterte diese Radroute Jahre 2017 den dritten Platz des deutschen Fahrradpreises in der Kategorie Infrastruktur.

Tour 5

1:30 Std. | 16 km | 70 Meter

Start/Ziel: Bernepark, Ebelstraße 25a, 46262 Bottrop

Wegbeschaffenheit: Überwiegend Asphalt und gut befahrbare Naturwege

Anreise mit ÖPNV: Bottrop Hauptbahnhof mit RE 14, RE44, S9, von hier aus ist der Bernepark in 1,8 km erreicht.

Besonderheiten: Zeche Prosper Haniel, Bernepark, Museum Quadrat. Für die Besteigung der Halde mitsamt des Tetraeders sollte Zeit eingeplant werden.

Wegbeschreibung: Wir starten vor dem grauen Eingangstor vor dem Bernepark und biegen hier direkt rechts auf den Emscherweg, so dass wir den kanalisierten Fluss zu unserer Linken haben. Nach einem kurzen Stück auf dem Emscherweg kann man auch direkt in den Bernepark abbiegen.

Am Weg

Bernepark mit kuriosem Betonröhren-Hotel

Das war im wahrsten Sinne des Wortes ein Kunstgriff: Im Rahmen der „Emscherkunst" machten Künstler aus zwei Klärbecken Kunst. Das hintere Klärbecken erinnert heute mehr an ein blumiges Amphitheater. Hier hat der Holländer Piet Oudolf das so genannte „Theater der Pflanzen" erschaffen, in dem es blüht und duftet und summt und brummt.
Das offene Gelände mit seinem Spielplatz und Restaurant ist inzwischen ein beliebtes Ausflugsziel geworden. Unter anderem auch wegen der kuriosen Herberge, die Übernachtungen in einer wohnlich ausgestatteten Betonröhre ermöglicht. Der österreichische Künstler Andreas Strauss hatte die verrückte Idee dazu. Bei der Bezahlung gilt übrigens das sympathische Motto „Zahl so viel wie es Dir wert war". Empfohlen wird ein Betrag von 20 Euro, bei dem frisches Bettzeug und die Nutzung der sanitären Anlagen inbegriffen ist.
www.bernepark.de

(Schlaf-)Platz ist in der kleinsten Röhre.

Es geht unter der Autobahn hindurch, mit dem Fluss links. Wenn wir auf eine Brücke kommen, biegen wir links in den Lichtenhorst. An der Vorfahrtsstraße biegen wir rechts in die Straße „Am Kruppwald“, dann sofort wieder links in die Knappenstraße. Rechts liegt Prosper Haniel. An der Prosper Straße rechts fahren. Hier sind die Bergbau-Ampelmännchen ein echter Hingucker.

Auf dem Radweg an der stärker befahrenen Straße fahren. Links bietet sich ein toller Blick auf die Treppe Direttissima, unser nächstes Etappenziel, und der Tetraeder. Es geht unter zwei schmalen Brücken hindurch und links liegt der Turm des Indoor Skydivings. An der Querungshilfe biegen wir links ab und queren die Straße. In den schmalen Weg, der direkt

Das gibt es nur hier im Revier.

Imposant ist
die Zeche Prosper
bis heute.

links vom Turm des Skydivings entlangführt, einbiegen. Dieser Weg ist für ein kurzes Wegstück schlecht befahrbar, aber schon bald biegen wir an der ersten Möglichkeit links und sofort wieder links und rollen so auf den Knotenpunkt 5 und die schräge Auffahrt auf die Brücke zu. Hier fahren wir hinauf, biegen rechts auf die Brücke und direkt an den Fuß der langen „Himmelstreppe", wo man die Räder anschließen und die Halde zu Fuß erklimmen kann. Wer möchte, kann auch alternativ den Weg hinaufradeln, um das Tetraeder oben zu erreichen.
Wir rollen dann wieder hinunter zum Knotenpunkt 5 zurück und fahren den gleichen Weg zurück zum Indoor Skydiving, den wir gekommen sind. Am Skydiving-Turm kreuzen wir die Prosper Straße an der gleichen Stelle und radeln ein kurzes Stück auf dem gleichen Radweg zurück. Nachdem wir unter zwei Brücken hindurch geradelt sind,

Am Weg

Halde Emscherblick mit Tetraeder und Direttissima-Treppe

Entstanden aus dem Abraum der Zeche Prosper, bildet die Halde Emscherblick mit der begehbaren Skulptur Tetraeder einen Anziehungspunkt für Einheimische und Touristen. Aber um zum Plateau und dem „Haldenereignis Emscherblick" (so der offizielle Name) zu gelangen, heißt es erst einmal: Höhenmeter machen! Unser Weg führt uns direkt zum Fuße der Treppe mit dem treffenden Namen „Direttissima" (italienisch für „kürzeste Verbindung"). Ganze 387 Stufen geht es steil nach oben, bevor man den Gipfel erreicht hat.
Wer sich dann am Gipfel auch noch aufmacht, das 210 Tonnen schwere Kunstwerk des Künstlers Wolfgang Christ zu erklimmen, der sollte erstmal tief durchatmen und im besten Fall schwindelfrei sein. Denn die Gitter, die die Stufen bilden, geben den Blick in die Tiefe frei. Der Wind in luftiger Höhe sorgt zudem für leichte Schwingungen und die um acht Grad geneigten Aussichtsplattformen in einer Höhe von 38 Metern sorgen bei manchen Besuchern für weiche Knie.

Die oberste Plattform des Tetraeders liegt auf 38 Metern Höhe.

immer noch auf der linken Seite der Straße, können wir die Straße queren und auf dem Radweg zur Rechten der Prosper Straße radeln. An einem gelben Wohnblock mit blauen Balkonen biegen wir rechts in die Straße Mönchenort ab. Hier ist auch das erste Mal das Logo des Radweges „RadQuadrat" auf dem Boden zu erkennen.

Nach einem Spielplatz biegen wir links in die Straße Im Beckedal ein. Dann rechts in die Straße Auf der Bette, und wenn wir auf die Paßstraße treffen, rechts herum. Wir biegen links in die Fröbelstraße und gleich wieder links in den kombinierten Fuß- und Radweg. Am Ende zeigt uns das RadQuadrat-Schild, dass wir die Straße nun queren und dann sofort wieder rechts abbiegen müssen, in die Wiggermannstraße. Anschließend geradeaus über die Scharnhölzstraße radeln und in die Straße Am Eickholtshof hineinfahren. An der T-Kreuzung links, dann auf die Ampel zu, über die Kreuzung rüber (Beschilderung folgen). Jetzt befinden wir uns auf der Lützowstraße. Geradeaus über die Hans-Sachs-Straße in die Lützowstraße einfahren, dann geradeaus über die Kirchhellener Straße hinüberfahren. Wenn unsere Straße Am Lamperfeld auf die Hans-Böckler-Straße trifft, biegen wir scharf rechts ab in den Harald-Lubina-Weg, der als Rad- und Fußweg ausgeschildert ist. Es geht eine kleine Rampe hinab und dann am Jahnstadion vorbei. Die kleine Straße queren, direkt durch das hübsche, gelbe Palais-ähnliche Torhaus hindurchfahren, um in den Stadtgarten zu gelangen. Direkt nach der Durchfahrt rechts herum. Im Stadtpark den RadQuadrat-Schildern folgen. An der Straße rechts herum radeln, dann liegt links das Museum Quadrat.

Am Weg

Museum Quadrat

Ein großer Sohn der Stadt ist der Maler und Farbtheoretiker Josef Albers, der im Jahr 1888 geboren wurde und weltweite Anerkennung erlangte. Albers setzte sich mit dem Phänomen Farbe wissenschaftlich und künstlerisch auseinander. „Wenn ich male, sehe und denke ich zunächst Farbe“ lautete eines seiner Credos. Seine berühmteste Werkreihe „Hommage to the Square“ zeigt entsprechend immer wieder das gleiche Motiv: ineinander geschachtelte Quadrate, in variierenden, kräftigen Farbstellungen. Auch der Museumsgarten ist einen Besuch wert. Mit Skulpturen von Hans Steinbrenner und Donald Judd lädt er zum Verweilen ein. In der denkmalgeschützten Villa nebenan ist das ebenfalls sehenswert Museum für Ur- und Ortsgeschichte untergebracht.
www.quadrat.bottrop.de

Schon der Garten des Museum Quadrat bietet viele Hingucker.

Am Museum liegt unser Wendepunkt. Wir fahren wieder zurück, auf der gleichen Strecke, durch den Stadtpark und das Tor-Haus sowie den kleinen Wald, am Jahnstadion entlang, bis wir wieder auf die Hans-Böckler-Straße treffen. Nachdem wir diese überquert haben, fahren wir ein kleines Stück bergan und dann links über die auffällige Fahrrad-Querungshilfe und gleich wieder links in die Straße An Luggesmühle. Danach rechts in die Sterkrader Straße und dann sofort wieder links in die Straße Am Spengelsberg biegen. Dann die Osterfelder Straße überqueren und direkt in den kombinierten Fuß- und Radweg abbiegen. Vor dem Josef-Albers-Gymnasium dem ausgeschilderten Links-Rechts-Knick folgen. Dann dem nächsten Links-Rechts-Knick folgen und in die Zeppelinstraße (Fahrradstraße) fahren. Danach die Hünefeldstraße, die Bergstraße und die Bogenstraße überqueren. Jetzt stoßen wir auf die Essener Straße, an der wir rechts fahren.

Das Logo des RadQuadrats findet man auch auf den Wegweisern.

Achtung! An der Stelle, wo die Hardenbergstraße von der Essener Straße links abzweigt, verlassen wir den Radweg RadQuadrat. Wir folgen also ab hier nicht weiter der Rad-Quadrat-Beschilderung links herum, sondern fahren geradeaus weiter in der Essener Straße. An der großen Kreuzung überqueren wir die Essener Straße und fahren geradeaus in die Bahnhofsstraße ein, auf dem Radweg parallel zur Straße. An der T-Kreuzung links halten, auf der Bahnhofsstraße bleiben. Dann mithilfe der Fußgängerampel die

Straße nach rechts queren und sofort weiter in die Bahnhofsstraße fahren und unter der Eisenbahnbrücke hindurch. Nach einem beschrankten Bahnübergang fahren wir unter eine Autobahnbrücke. Direkt unter dieser Brücke biegen wir rechts auf den Emscherweg, der Kanal liegt rechts von uns. Dieses Stück Emscherweg kennen wir bereits vom Hinweg. Links liegt dann wieder gut einsehbar das Gelände des Berneparks, an dessen Eingangstor der Ausgangspunkt unserer Tour wieder erreicht ist.

Der Start- und Endpunkt Bernepark lädt zum Verweilen ein.

Gastronomie:

Restaurant im Maschinenhaus
Ebelstraße 25a
46262 Bottrop
Tel.: 02041/3754-840
info@bernepark.de
www.bernepark.de

Paulchen's Grill
Prosperstraße 132
46238 Bottrop
Tel.: 02041/67127
www.paulchens-grill.de

Overbeckshof
Im Stadtgarten 26
46236 Bottrop
Tel.: 02041/7784482
www.overbeckshof.de

Tour 5

Startpunkt

Zielpunkt

Zwischenziel

Haltestelle

Gastronomie

Freizeitspaß

Naturerlebnis

Fotospot

Kulturstätte

Sehenswürdigkeit

Fotospot

Kunstobjekt

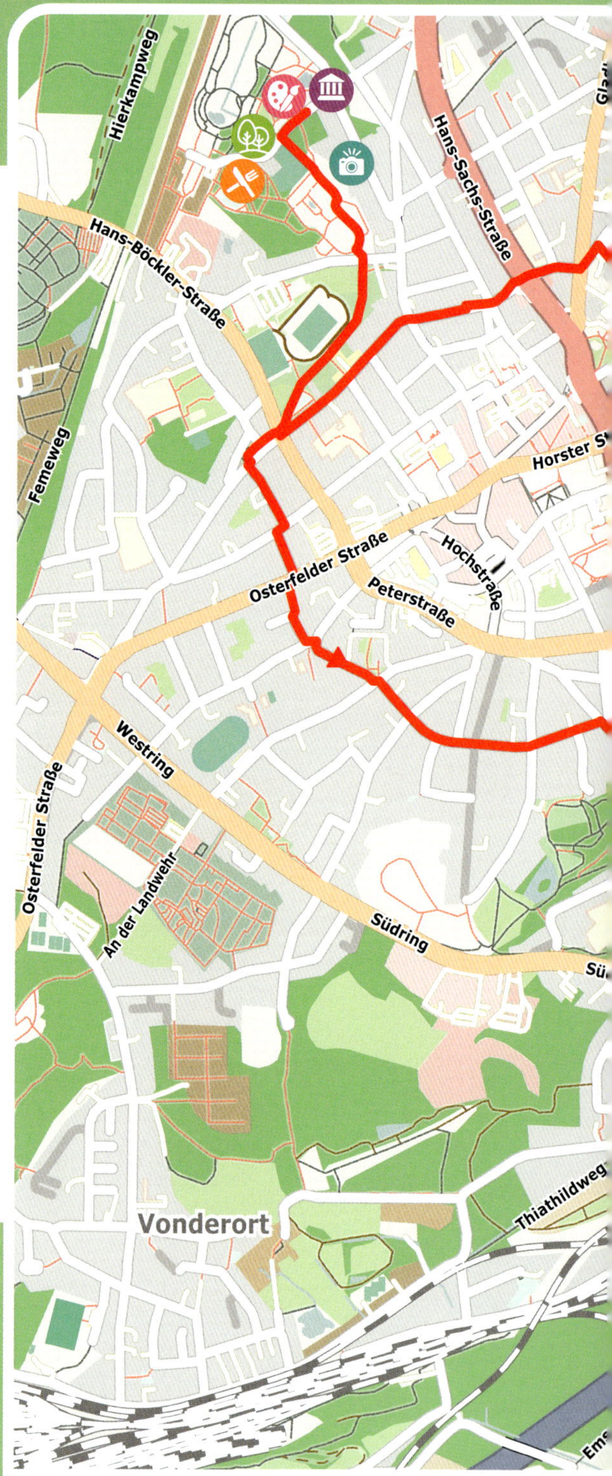

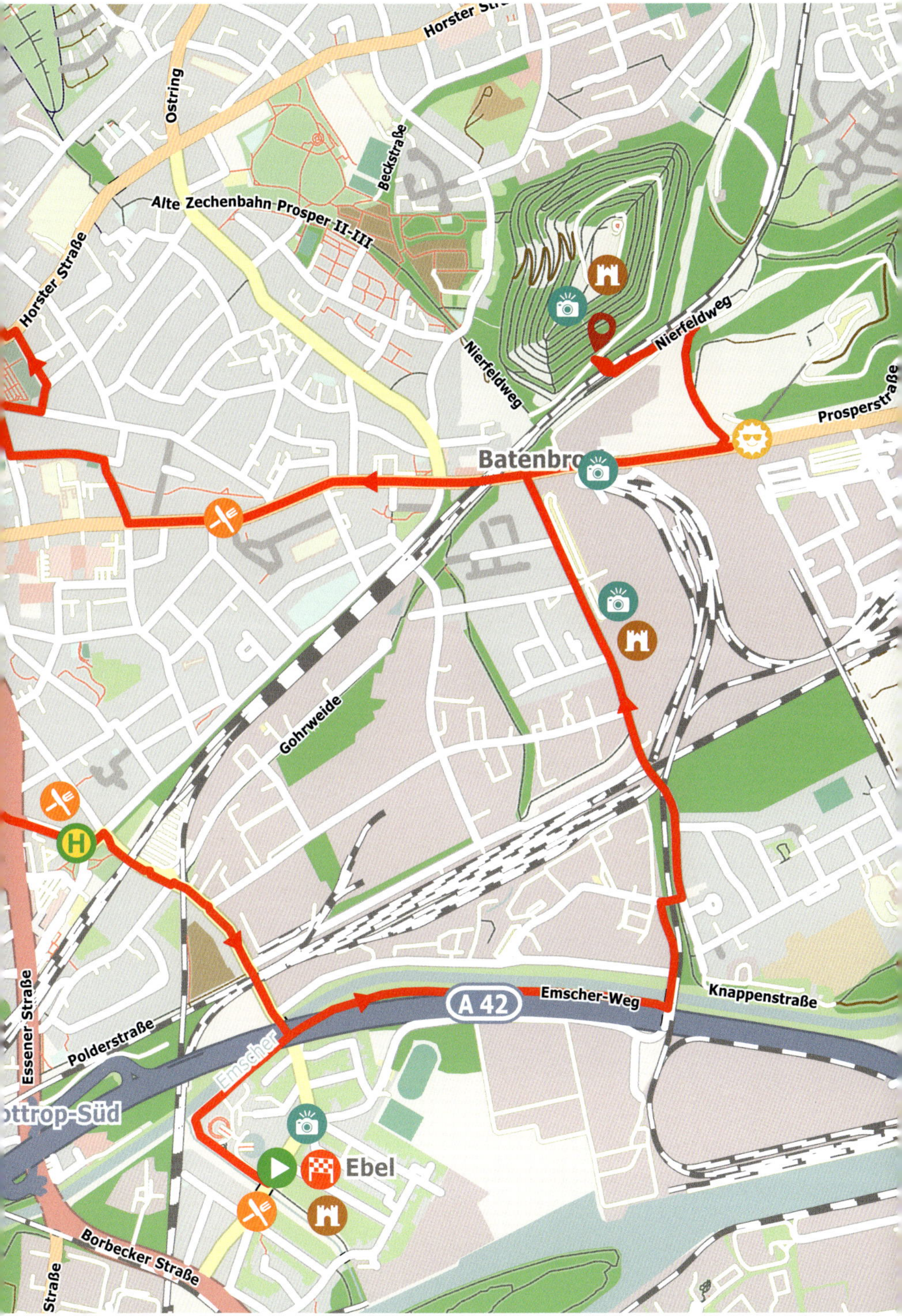

Horster Straße
Ostring
Beckstraße
Alte Zechenbahn Prosper II-III
Horster Straße
Nierfeldweg
Nierfeldweg
Prosperstraße
Batenbro
Gohrweide
A 42
Emscher-Weg
Knappenstraße
Polderstraße
Essener Straße
Emscher
ottrop-Süd
Ebel
Borbecker Straße
Straße

Trassengenuss und Altstadt-Romantik
Rundtour vom Essener Süden über Mülheim an der Ruhr

Unter Radfahrern ein offener Geheimtipp: die „berühmte Mülheim-Runde". Kein Wunder, dass diese Rundtour so beliebt ist, vereint sie doch alles, was Radfahrerherzen höherschlagen lässt.

Wir starten in Essen auf der beliebten Gruga-Trasse, fahren eine weitläufige Runde im Uhrzeigersinn über Mülheim, Essen-Kettwig und -Werden und landen schließlich wieder auf der Grugatrasse. Der Mix ist dabei ganz nach dem Geschmack von Genussradlern: Eine autofreie ehemalige Bahn-Trasse, der Radschnellweg RS1, Hafenflair, einsame Deiche, ländliche Idylle, die verträumten Ruhrauen bei Mülheim-Saarn, Altstadt-Romantik in Kettwig und ein Radstück, das direkt am malerischen Ruhrufer entlang führt. Dazu bieten sich unterwegs zahlreiche Einkehrmöglichkeiten vom Biergarten bis zur Eisdiele, von der Tortenbäckerei bis zur gehobenen Kulinarik im Schloss Hugenpoet.

Tour 6

2:30 Std. | 36,5 km | 190 Meter

Start/Ziel: Am Atlantic Congress Hotel, Grugaplatz, 45131 Essen

Wegbeschaffenheit: Überwiegend Asphalt und sehr gut befahrbare Naturwege

Anreise mit ÖPNV: Haltestelle „Messe Ost/Gruga" Linie U11, Ausgang „Messe Ost/Gruga".

Besonderheiten: Am Start-/Endpunkt liegt der Grugapark mit der Grugapark-Therme, wer möchte, kann den Tag mit einem Spaziergang, einem Besuch im Biergarten oder einer Runde im Solebecken ausklingen lassen.

Wegbeschreibung: Der Startpunkt liegt unmittelbar vor dem Atlantic Congress Hotel auf der wunderbar befahrbaren Grugatrasse. Die ersten zehn Kilometer (Beschilderung Richtung Mülheim) führen nur geradeaus über den Radschnellweg RS1.

Links liegen dann die Grugahalle und der Grugapark, ein Stückchen weiter folgt das architektonisch ansprechende Hundertwasserhaus. Hier ist ein Abstecher zum Halbachhammer möglich. Wir kommen an eine große, gemauerte Brücke, durch deren Bogen wir weiter radeln. Hier kann, wer möchte, einen kurzen Abstecher in die Siedlung Margarethenhöhe machen. Hierzu direkt vor der Brücke links den Anstieg hochfahren.

Die „Maggihöhe" lädt zum Rundgang ein, Augenschmaus inklusive!

Am Weg

Margarethenhöhe

Sie liegt wirklich auf einer kleinen Anhöhe, die „Maggihöhe", die ein wenig an ein lebendiges Freilichtmuseum erinnert. Aber wir müssen nur einen sehr kurzen, steilen Anstieg hoch, schon ist die „Zuckerbäckersiedlung" erreicht. Namensgeberin ist die Stifterin, Margarethe Krupp. Die Vermählung ihrer Tochter Bertha nahm sie zum Anlass, zwischen 1909 und 1938 diese moderne Siedlung erbauen zu lassen. Schnell wurde die Gartensiedlung ein Beispiel für modernes Wohnen in ganz Europa. Ein Rundgang ist ein wahrer Augenschmaus. Beginnend beim Brückenkopf geht es vorbei an den hübschen Wohnhäuschen, über die Steile Straße bis zum Markt mit dem „Gasthaus zur Margarethenhöhe".

www.margarethe-krupp-stiftung.de

An der Gabelung weiter rechts auf der Grugatrasse halten. Führt der Radweg etwas steiler hinab, durch rot-weiße Beschränkungen fahren und geradeaus über die Straße. Danach dem Rechtsknick folgen, über einen kleinen Bahnübergang, dann links. Wir radeln entlang von Gleisen, schließlich direkt neben dem Hauptbahnhof von Mülheim an der Ruhr. Nach der rostigen Stele mit der Inschrift „Willkommen in Mülheim an der Ruhr" mitsamt Radfahrer-Zähler, vor dem gebogenen, runden, Brückengeländer, links dem Wegweiser Richtung „Wasserbahnhof" folgen – er weist genau in einen Aufzug. Wir müssen also hier eine Etage runterfahren oder die Treppe daneben benutzen. Unten radeln wir rechts Richtung Ruhrufer auf den auffällig angesprühten Elektrokasten zu, links ab Richtung Wasserbahnhof und auf die Ruhrpromenade. Das kleine Hafenbecken umfahren – dazu erst links, dann rechts und wieder rechts, bis wir wieder direkt am Ufer der Ruhr sind. Weiter Richtung „Wasserbahnhof", hierzu links abbiegen, unter der Brücke hindurch, dann liegt links eine Eisdiele. Danach links herum und über eine kleine Brücke fahren.

Am Weg

Schleuseninsel mit Wasserbahnhof

Mitten in Mülheim an der Ruhr gelegen, bildet die Schleuseninsel ein beliebtes Ausflugsziel und der Wasserbahnhof die Hauptanlegestelle der Weißen Flotte. Wer auf das Boot umsteigt, kann Ausflüge in das malerische Ruhrtal Richtung Essen-Kettwig unternehmen. Im Haus Ruhrnatur kann man sich über das Ökosystem, das Leben von Fischen und Kleintieren in und an der Ruhr informieren. Der schattige Biergarten von Franky's Wasserbahnhof und auch das Café des Haus Ruhrnatur laden dazu ein, den Tag einen guten Freund sein zu lassen. Am anderen Ufer sind viele Naturfotografen unterwegs, um die einzigartigen Wasservögel abzulichten, die hier in den Ruhrauen brüten.
www.muelheim-tourismus.de

Auf dem Vorplatz des Wasserbahnhofes, dem „Platz der Deutschen Einheit", links fahren, das Ruhrufer weiter zur Rechten. Kurz vor den blau angestrichenen Industrie-Überbleibseln scharf rechts abbiegen und über den Rad- und Fußweg direkt an der Mauer des Wasserkraftwerks radeln. Am Ende des Gebäudes sofort links ab. Dann führt uns der Ruhrinselweg einen kleinen Anstieg hoch und direkt auf einen etwas abschüssigen Rad- und Fußweg mit hellgrünem Brückengeländer, dem wir direkt über das Wehr folgen. An dessen Ende schräg hinab auf den Radweg. Wir fahren auf dem ausgeschilderten Radweg weiter geradeaus, nun am anderen Ufer der Ruhr entlang. An der Steigung/Gabelung links herum.

Der Radbeschilderung stets weiter geradeaus und schließlich links folgen, ebenerdig bleiben und unter einer Brücke hindurch fahren. Dann führt uns ein kurzer, schwungvoller Anstieg hinauf auf einen Deich, oben links herum. An der ersten Möglichkeit rechts ab und runter vom Deich fahren.

Fachwerkidylle am Ruhrufer

In der Ferne ist bereits die Ruhrtalbrücke zu erkennen, auf die wir zuradeln. An der Straße geradeaus, Richtung Kettwig. Schließlich auf dem Gelände des Reiterhofes an T-Kreuzung rechts ab, dann dem Radweg links herum folgen, immer noch über das Gelände des Reiterhofes, dann wieder rechts herum.

An der kleinen Straße links fahren. Wir folgen weiter der schmalen, verkehrsarmen Straße. Ein Stückchen weiter zur Linken liegt die Kirche von Mintard. Unmittelbar an der Kirche stößt die Mintarder Dorfstraße auf die August-Thyssen-Straße, hier gerade in das Sträßchen Durch die Aue fahren.

Weiter Richtung Kettwig radeln. Schließlich müssen wir rechts abbiegen, Radwegbeschilderung Richtung Kettwig-Zentrum folgen, dann geht es an der ersten

Begegnung zwischen Reiter und Radler – auf diesem Abschnitt keine Seltenheit

Möglichkeit links. Wir folgen der Beschilderung in die Arndtstraße. An dessen Ende links halten. An der Ampelkreuzung die Straße überqueren, um dann links Richtung Kettwig-Zentrum über die Brücke zu fahren.

Am Weg

Die Altstadt von Kettwig

Treppauf, treppab geht es von Ruhrufer hinauf in die Altstadt Kettwigs. Höhepunkt im wahrsten Sinne des Wortes bildet die Kirche am Markt. Als flächenmäßig größter und wohl auch malerischster Stadtteil von Essen hat Kettwig aber noch weitere Sehenswürdigkeiten zu bieten.

Neben dem Rathaus, in dem das Standesamt und das Stadtmuseum untergebracht sind, ist auch das Schloss Hugenpoet am anderen Ruhrufer ein echter Anziehungspunkt. Auch die vielen Fachwerkhäuser sind erhalten geblieben, weil Kettwig von den Bombardements im Zweiten Weltkrieg weitestgehend verschont blieb. Als Weberstädtchen an der Ruhr war Kettwig ab dem 16. Jahrhundert durch die Textilwirtschaft geprägt, woran noch die Skulptur „Das Tuch" am Ufer der Ruhr erinnert. Infos zu dieser und weiteren Skulpturen findet man auf www.skulpturenpark-kettwig.de

Radlerglück zwischen Kettwig und Werden, einfach zum Verlieben

Am Ende der Brücke rechts abfahren, die Ruhr liegt rechts. Hier geht es nun in herrlichen Bögen immer direkt am Flussufer entlang. Wenn wir vor Werden ein auffällig blau angemaltes Wasserstandshäuschen zur Rechten sehen, links abbiegen. An der T-Kreuzung rechts und unter einer Brücke hindurch. Nun ist der S-Bahnhof Werden erreicht. Die jetzt vor uns liegende Kreuzung mithilfe mehrerer Ampeln auf die andere Seite der Brücke queren. Weiter geht es auf dem Radweg parallel zu der viel befahrenen, bergan führenden Straße, die Ruhr rechts von uns. Am Ufer, erhöht oberhalb des Wasserlaufes, entlangfahren. Bald kommt das Stauwehr in den Blick, am Ende der Steigung, an der ersten Möglichkeit, rechts ab. (Richtung E-Zentrum), auf das Ufer der Ruhr zu. Dem Linksknick folgen, über Kopfsteinpflaster, unmittelbar vor dem Wehr gabelt sich der Weg, links fahren, und unten wieder links ab.

Auf der Grugatrasse radelt es sich ganz wunderbar und frei von Autoverkehr.

Der Radweg macht ein paar Schlenker. Nach Linkskurve führt er etwas bergan, vor dem Stoppschild biegen wir rechts ab (Richtung Essen-Rüttenscheid). Schließlich kreuzen wir die Zufahrt zum Parkplatz am Regattaturm am Baldeneysee. Hier weiter geradeaus und flach weiter auf dem Radweg.
Wenn vor uns eine gemauerte Brücke erscheint, biegen wir rechts ab und sofort wieder links, einen kurzen, steilen Anstieg hoch. Oben angekommen geht es links herum, direkt auf den Kiosk „Tango am See" zu. Direkt vor dem Kiosk links. Wenn die Freiherr-vom-Stein-Straße eine Rechtskurve macht und auf die Lerchenstraße trifft, rechts Richtung Stadtwald. Nun liegt eine Steigung entlang der Straße vor uns. Schließlich ist der Berg geschafft. Die Lerchenstraße stößt auf die Heisinger Straße, hier biegen wir links ab Richtung Stadtwaldplatz, fahren geradeaus über diesen und folgen dem Schild Richtung Krankenhaus, dann auf dem Radweg an der Wittenbergstraße bergab radeln. Bevor wir am Fuße des Berges unter einer Brücke hindurchfahren, biegen wir rechts ab. Einen kleinen Anstieg hoch, der uns auf die Grugatrasse führt. Oben angekommen links herum. Von nun an radeln wir für die letzten Meter geradeaus auf der Radtrasse, die uns über den Messeparkplatz zum Ausgangspunkt unserer Tour führt.

Gastronomie:

Mintrops Stadt Hotel
Margarethenhöhe
Steile Straße 46
45149 Essen
Tel.: 0201/43860
mintrops-stadthotel.de

Franky's Wasserbahnhof
August-Thyssen-Straße 129
45481 Mülheim an der Ruhr
Tel.: 02054/7272
www.frankys-wasserbahnhof.de

Lavendel im Brückencafe
Am Mühlengraben 4
45219 Essen
Tel.: 02054/5718
lavendel-im-brueckencafe.eatbu.com

Tour 6

- Startpunkt
- Zielpunkt
- Zwischenziel
- Haltestelle
- Fahrradstrecke
- Gastronomie
- Naturerlebnis
- Fotospot
- Sehenswürdigkeit

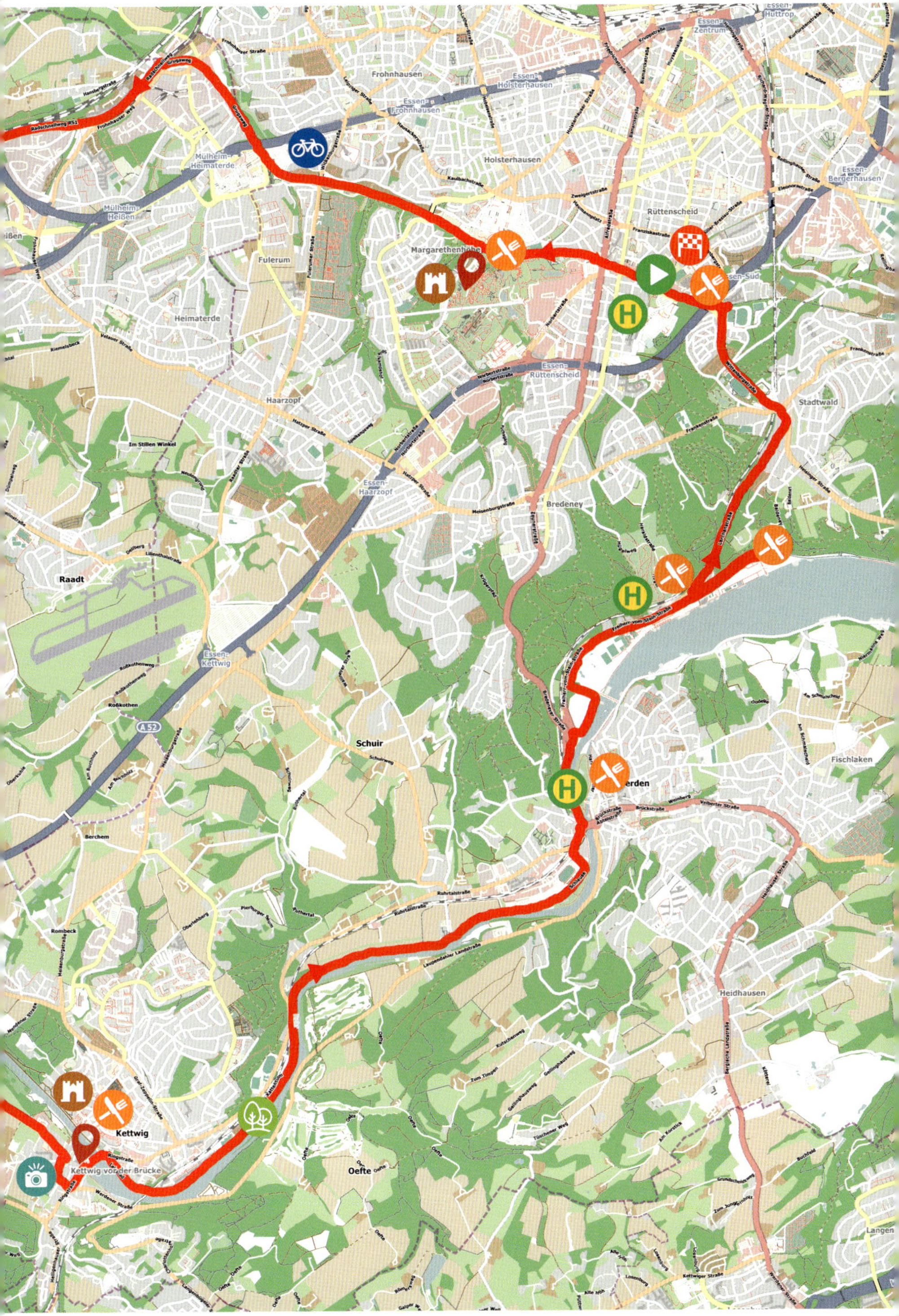

Frohnhausen
Essen-Holsterhausen
Essen-Frohnhausen
Holsterhausen
Mülheim-Heimaterde
Mülheim-Heißen
Fulerum
Heimaterde
Margarethenhöhe
Rüttenscheid
Essen-Süd
Essen-Rüttenscheid
Stadtwald
Haarzopf
Essen-Haarzopf
Bredeney
Raadt
Essen-Kettwig
A 52
Schuir
Fischlaken
Heidhausen
Kettwig
Kettwig vor der Brücke
Oefte
Langen
Essen-Bergerhausen
Essen-Zentrum

Panorama trifft Waldesruh

Von Essen-Kettwig vor der Brücke über Velbert nach Essen-Kupferdreh

Lust auf Kurzurlaub im Allgäu? Wie der Name der Tour schon verspricht: Von dem erhöht verlaufenden Panoramaradweg Niederbergbahn genießt man wunderbare Ausblicke über die weite Landschaft.

Zwar müssen wir am Anfang eine ordentliche Steigung absolvieren, aber sobald man auf der ehemaligen Bahntrasse radelt, sind die Mühen schnell vergessen. Schließlich fährt man autofrei und bis Velbert durch hübsch gewellte Landschaften. Es geht über Viadukte und Deutschlands einzige Waggonbrücke, bevor wir in Velbert in das schattige Grün des Langenhorster Waldes abbiegen. Am Wegesrand liegt ein mystischer Waldsee wie aus dem Märchenbuch – hier würde es wohl kaum einen wundern, wenn eine Nymphe aus dem grünlich schimmernden Wasser steigen würde. Durchs zauberhafte Hespertal sausen wir auf einer wenig befahrenen Straße bergab und lassen uns die frische Landluft um die Nase wehen, bevor wir schließlich ans Ufer des Baldeneysees gelangen.

Tour 7

1:30 Std. | 24 km* | 480 Meter

Start/Ziel: S-Bahnhof Essen-Kettwig Stausee, Werdener Str. 77, 45219 Essen Kettwig, S-Bahnhof Essen-Kupferdreh, Hofstraße 1, 45257 Essen

Wegbeschaffenheit: Zu Beginn sehr gut befahrbare Asphaltwege, im Wald Naturwege, kurze Abschnitte hier holprig, ab Hespertal wieder sehr guter Untergrund.

Anreise mit ÖPNV: S-Bahnhof Essen-Kettwig Stausee: S6 zwischen Essen Hauptbahnhof und Köln, S-Bahnhof Essen-Kupferdreh: Re 49 zwischen Wesel und Wuppertal, S9 zwischen Gladbeck und Hagen Hauptbahnhof

Besonderheiten: Panoramaradweg Niederbergbahn, Naturerlebnisse Langenhorster Wald mit Waldsee, Hespertal, Baldeneysee und Ruhr.

*(wer zum Ausgangspunkt zurückradeln möchte: +15,5 km)

Wegbeschreibung: Wir starten am S-Bahnhof Kettwig-Stausee. Mit den Gleisen im Rücken treffen wir auf die Werdener Straße, hier biegen wir links herum. An der Vorfahrtsstraße, wo die Werdener Straße auf die Ringstraße trifft, biegen wir an der Ampel links ab und am nachfolgenden Kreisverkehr ebenfalls links herum.

Eine zauberhafte Atmosphäre herrscht im Garten von Schloss Landsberg.

Am Weg

Schloss Landsberg

Wie aus der Zeit gefallen wirkt das mitten im Wald gelegene, romantische Schloss Landsberg. In direkter Nachbarschaft zum Schloss Hugenpoet gelegen, ist das Gebäude mit englischem Landschaftspark und ausgedehntem Waldgebiet bestens für einen kleinen Rundgang geeignet. Errichtet von Graf Adolph V. von Berg im Jahr 1276, war die Burg ursprünglich zur Sicherung der wichtigen Ruhrbrücke gedacht. Seit 1228 im Besitz derer von Landsberg, baute der Großindustrielle August Thyssen es ab 1903 zu einem repräsentativen Wohnsitz um.

Vor dem Getränkemarkt links in die Straße Am Wildbach fahren, durch den kleinen Tunnel, an dessen Ende rechts rum und dann auf den kombinierten Rad- und Fußweg bergauf und rechts halten. Die Trasse führt stetig bergan, ist aber herrlich asphaltiert, dann überqueren wir mit einer spektakulär hohen Brücke die Ruhrstraße und folgen dem Panoramaradweg Niederbergbahn nun für gute elf Kilometer stets geradeaus bis Velbert. Links liegt ein Trimm-Dich-Pfad mit roten Geräten und ein hübsches Häuschen mit roten Fenstern und der Aufschrift Isenbügel. Rechts liegt das Forum Hitzbleck und wir fahren stets weiter geradeaus auf der sich selbsterklärenden Trasse bis zur Waggonbrücke, die wir überqueren.

Früher Bahnstrecke, heute Panoramaradweg

Am Weg

Waggonbrücke Heiligenhaus

Die Waggonbrücke Heiligenhaus ist die erste Brücke ihrer Art in Deutschland. Errichtet im Jahr 2009, führt sie über die Bahnhofstraße und besteht aus einem ehemaligen Eisenbahnwagen, einem vierachsigen Drehgestell-Flachwagen der Deutschen Bahn. Geistiger Vater dieser Recycling-Idee der besonderen Art ist der Ingenieur Ulrich Diehl, der gerne noch weitere Brücken dieser Art bauen würde. Es lohnt sich, hier vom Fahrrad zu steigen und die Brücke ein wenig genauer in Augenschein zu nehmen, denn alle technischen Einrichtungen wie die Räder, die Puffer, die Markierungen und das Bremssystem sind mit verbaut worden und durch Sichtgitter zu erkennen. Damit man, so der Arnsberger Diehl, auch merkt, dass man hier über einen Waggon fährt.

www.baukunst-nrw.de/objekte/Waggonbruecke-Heiligenhaus-2150.html

Über Brücken hinweg, unter Brücken hindurch – so geht Radgenuss.

Der Weg führt vorbei an der rechts liegenden Kult-Kaffeerösterei und an einer Autowaschanlage, deren Dachterrasse ein Café beherbergt. Es geht unter der Autobahnbrücke hindurch, rechts liegt danach ein Biergarten. Eine hochabgezäunte Brücke bringt uns über das Rinderbachtal, unten liegt das hübsche Parkbad von Velbert. Vor einer Brücke biegen wir rechts ab und fahren hinunter auf die Friedrich-Ebert-Straße und links auf den Radweg, der parallel zur Straße verläuft. Nach dem Kreisverkehr auf die andere Straßenseite wechseln und in die gleiche Richtung weiterradeln und dann auf einer Brücke über die Autobahn fahren.

Vor dem Gartencenter auf einen schmalen Weg abbiegen, links von uns liegt der Parkplatz. Der schmale Radweg geht in eine Straße über. Erste Möglichkeit links abbiegen in den Hülsbecker Weg und sofort wieder links in den schmalen Weg, der auch mit einem Radschild nach Kupferdreh weist (nicht geradeaus den Berg hochfahren). Rechts liegt ein kleines Café mit Garten, wir rollen in den Wald hinein. Links liegt eine Schutzhütte mit „Försters Morgengebet" und rechts ein alter Steinbruch. Geradeaus auf dem Hauptweg halten. Nach einer Brücke mit rotem Geländer an der Gabelung des Waldweges rechts abbiegen. Im Wald ist der Radweg sehr gut ausgeschildert. An der nächsten Gabelung links fahren.

An der nächsten Gabelung rechts fahren und nach einem Kilometer an der nächsten Gabelung links, Radbeschilderung folgen. Es geht ein Stück auf dem geschotterten Weg runter, wir treffen auf eine T-Kreuzung mit der Straße Hespertal. Wir fahren hier links Richtung des Hauses mit dem malerischen See davor. Um das Haus herum, über eine Brücke, an der Straße links abbiegen. Auf dieser Straße rollen wir

Zauberhafter Weiher am Wegesrand

nun für ein gutes Stück entlang. Es geht leicht bergab, der Asphalt ist herrlich befahrbar und die Straße wenig von Autos frequentiert. Auf Höhe des rechts liegenden Hesperkrug biegen wir links auf den separaten Radweg, der parallel zur Straße zur Hammer Straße verläuft. Dort sofort rechts auf den kombinierten Fuß- und Radweg abbiegen.

So hübsch lebt es sich im Hespertal.

Am Weg

Zeche Pörtingsiepen

Wo heute Vögel zwitschern und Grünes wuchert, wurde früher Steinkohle gefördert. Und das schon seit dem Jahre 1779. Die Zeche Pörtingsiepen brachte es Mitte des 20. Jahrhunderts auf eine Fördermenge von 600.000 Tonnen Kohle jährlich. 1973 wurde sie schließlich stillgelegt. Heute erinnern nur noch die riesige rote Ablenkseilscheibe der ehemaligen Zeche Pörtingsiepen, die Schachtdeckel und die ehemaligen Zechenhäuser daran, dass dieses Gebiet in Fischlaken einmal stark industriell geprägt war. Ein Blick auf historische Fotos lohnt sich.

www.historischesportal.essen.de

An der Gabelung links dem Radweg folgen. Rechts liegt jetzt das große Rad, das als Absenkseilscheibe vom Förderturm der Zeche Pörtingsiepen II gedient hat. Dieses Rad ist allerdings nur Ziel eines kleinen Abstechers, um ein Foto zu machen und die Infotafel zu lesen. Wir drehen hier gleich wieder um und fahren nach wenigen Metern links in die kleine Straße hinein. Es geht einen kleinen Anstieg hoch, bevor wir an der Gabelung links auf den geschotterten Radweg abbiegen. Wenn der Weg sich vor ein paar Bänken gabelt, rechts fahren. Der nun folgende Abschnitt ist besonders schön, ein echtes Genießerstück! Richtung Baldeneysee-Ufer überqueren wir links die Eisenbahnschienen der Museumseisenbahn. Wenn wir auf den Uferweg treffen, sofort wieder rechts fahren. Immer am Ufer des Baldeneysees geht es weiter, mit dem Wasser zu unserer Linken, bis zur ehemaligen

Fachwerkidylle oberhalb des Baldeneysees

Zielpunkt der Tour ist der Bahnhof Kupferdreh.

Eisenbahnbrücke, von der wir auf den Prinz-Friedrich-Platz gelangen. Vor uns liegt jetzt das Lukas. Hier rechts abbiegen und unter der Eisenbahnbrücke hindurch fahren, danach sofort rechts abbiegen. Somit ist unser Zielpunkt S-Bahnhalt Essen-Kupferdreh erreicht.
Wer noch weiter radeln möchte, der kann auch zum Ausgangspunkt zurückradeln – hier empfiehlt es sich dann, autofrei am nördlichen Ufer des Baldeneysees und der Ruhr zu radeln, stets geht es am Wasser entlang. Kettwig ist sehr gut ausgeschildert und in 15,5 Kilometern wieder erreicht.

Gastronomie:

Landhaus Knappmann
Ringstraße 198
45219 Essen Kettwig
Tel.: 02054/7809
hotel-knappmann.de

Lieblingsbude am Haus Scheppen
Hespertal 33
45239 Essen
Hardenbergufer 388
45329 Essen

Bistro KU28
Prinz-Friedrich-Str. 28B
45257 Essen Kupferdreh
Tel.: 0176/20766816
bistro-ku28.de

Tour 7

- Startpunkt
- Zielpunkt
- Haltestelle
- Fahrradstrecke
- Fahrradstrecke
- Gastronomie
- Naturerlebnis
- Fotospot

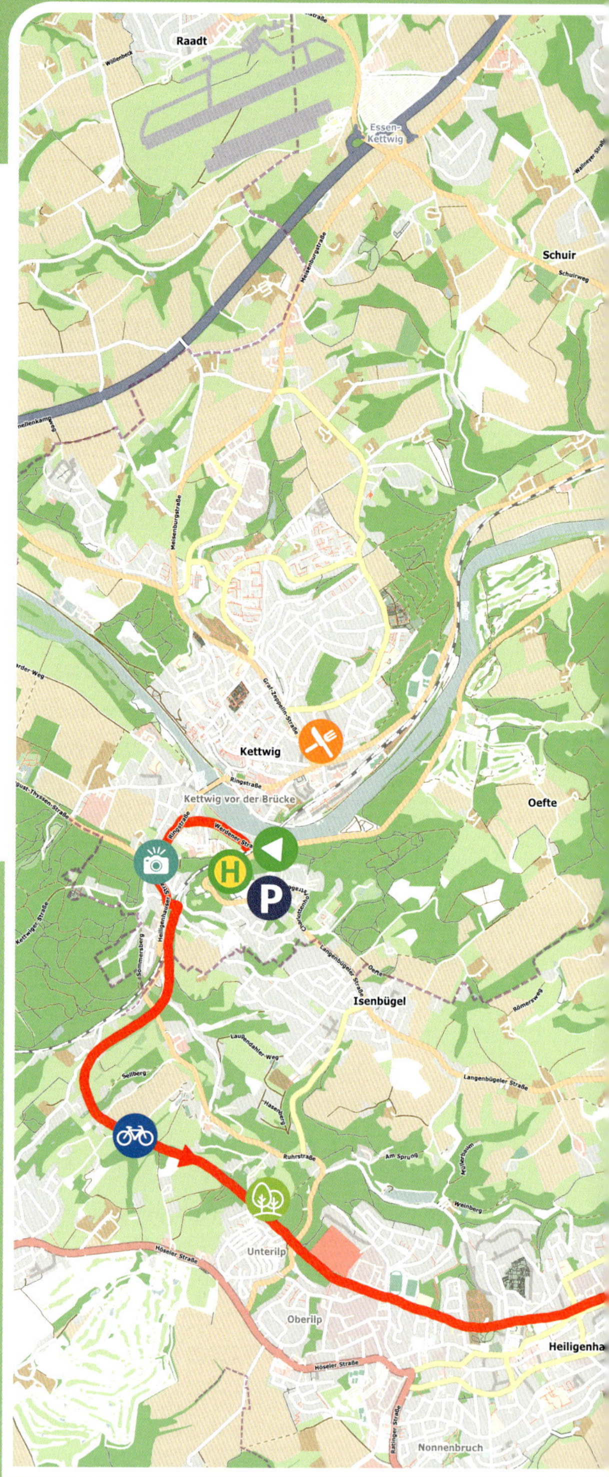

Heisingen
Essen-Überruhr
Kupferdreh
Essen-Kupferdreh
Werden
Fischlaken
Heidhausen
Langenberg
Langenhorst
A 44
Dreieck Velbert-Nord
Nordpark
Röbbeck
Tüschen
Losenburg
Nordstadt
Unterstadt
Velbert
Birth
Röttgen
A 535
Am Berg
Hetterscheidt
Oberstadt
Kostenberg
Rützkausen
Obere Flandersbach

Ruhrpott in der Nussschale
Vom Welterbe Zollverein Essen nach Gelsenkirchen und zurück

Auch wenn diese Tour in Essen, auf dem Gelände des UNESCO-Welterbes Zollverein startet, führt sie uns größtenteils über Gelsenkirchener Boden. Weitgehend fernab vom Autoverkehr zeigt diese familienfreundliche Tour die Vielfältigkeit des Ruhrgebiets auf engstem Raum.

Es geht über die beliebte Erzbahntrasse mit dem bei Radfahrern überaus beliebten „Erzbahnbüdchen", vorbei an der Halde Rheinelbe, entlang des Rhein-Herne-Kanals, dem Nordsternpark, der tollen Brücke „Grimberger Sichel", der Arbeitersiedlung Hegemannshof und Europas einziger Taubenklinik. Maritimes Flair versprüht unterwegs die Stölting Marina, bei der man sich verwundert die Augen reibt. So ein modernes, schickes Wohngebiet mit eigenem Hafen hätte man eher in Amsterdam oder Kopenhagen als in Gelsenkirchen vermutet. Kein Wunder, dass diese Tour zu den beliebtesten im Ruhrgebiet zählt.

Tour 8

2:00 Std. | 29 km | 190 Meter

Start/Ziel: Zeche Zollverein, Gelsenkirchener Str. 181, 45309 Essen

Wegbeschaffenheit: Überwiegend Asphalt und sehr gut befahrbare Naturwege

Anreise mit ÖPNV: Haltestellen Zollverein und Zollverein-Nord (Straßenbahn 107 ab Essen / Gelsenkirchen Hauptbahnhof)

Besonderheiten: Es gibt viel zu sehen, am Start-/Endpunkt und auch die Erzbahnbude und die Uferbänke am Kanal laden zu Pausen ein, gerne einen ganzen Tag einplanen. Die Besteigung der Halde Rheinelbe und die Besichtigung des Nordsternparks lohnen sich!

Wegbeschreibung:

Der Startpunkt ist im Ehrenhof, mit Blick Richtung Förderturm. Von hier wenden wir uns rechts herum und radeln an der Halle 5 und dem Casino Zollverein, das zu unserer linken Seite liegt, vorbei. Wenn wir auf eine Straße treffen, biegen wir rechts ab. Dann sehen wir zu unserer Rechten das Sanaa-Gebäude. An der Gelsenkirchener Straße links abbiegen. Sofort geht es wieder rechts in die schmale, beschilderte Zollverein-Fahrradtrasse. Nun liegt eine wunderbare, sehr gut asphaltierte Fahrradstrecke vor uns, die größtenteils autofrei ist.

Am Weg

Zeche Zollverein

Der Doppelbock der Zeche Zollverein wird liebevoll auch „Eiffelturm des Ruhrgebiets" genannt. Bis ins Jahr 1986 stand er für ein aktives Steinkohlebergwerk. Heute aber steht der Name Zollverein mit Zeche und Kokerei für ein Architektur- und Industriedenkmal und auch für kulturellen und lukullischen Genuss. „Die schönste Zeche der Welt" hat neben dem Red Dot Design Museum, dem Ruhr Museum, den Restaurants „Casino Zollverein", „The Mine" und „Die Kokerei" mit dem „Werksschwimmbad" im Sommer auch ein frei zugängliches Freibad zu bieten. Auf dem 100 Hektar großen Gelände des Welterbes kann, wer möchte, inzwischen auch im Designhotel mit Bergbauatmosphäre übernachten.

www.zollverein.de

An der ersten Möglichkeit, dem Knotenpunkt 60, biegen wir rechts ab in Richtung des Phänomania. Schon ist bald der Zechenturm von Schacht 3/7/10, der direkt am Phänomania Erfahrungsfeld steht, rechts zu erkennen. Es geht anschließend über zwei Brücken.

An der Gabelung rechts halten. Hier ist es auch zur Halde Rheinelbe ausgeschildert. Es geht immer weiter geradeaus über den herrlich glatten Asphalt. Zur Rechten liegen verrostete und mit Brombeerzweigen überwucherte Gleise – ein Hinweis darauf, dass dies früher eine Bahntrasse war. Schließlich erreichen wir den Knotenpunkt 49, an dem wir uns weiter in Richtung Halde Rheinelbe halten.

Eine Tour, die auch Kindern Freude bereitet

Nach Überquerung der Krayer Straße radeln wir durch ein Landschaftsschutzgebiet. Der herrlich ausgebaute Radweg wird mit Fußgängern geteilt. Wir queren dann die Leithe Straße. Rechts sind Infotafeln zur Halde Rheinelbe und dem Kunstwerk „Die Himmelsleiter“ zu finden. Dann steht rechts das Kunstwerk „Windwaage“.

Es geht durch einen Mischwald und wir erreichen schließlich den Knotenpunkt 48. Die Bochumer Straße queren und weiter auf der Trasse fahren. Dann die Ückendorfer Straße überqueren. Schräg gegenüber liegt das unübersehbare Schalke-Büdchen. Dann ist mit dem Knotenpunkt 46 auch der Rastplatz Erzbahntrasse erreicht – ein beliebter Treff für Radfahrer.

Wahrhaft erhebend: der Aufstieg zur Himmelstreppe

Am Weg

Halde Rheinelbe mit Himmelstreppe

Wer Lust hat, die Halde hoch zu radeln, biegt vom Weg ab und rechts herum, um sich schneckenförmig den Berg hochzuarbeiten. Auch wenn die Auffahrt schweißtreibend ist – das tolle, begehbare Kunstwerk und der 360-Grad-Panoramablick über das Ruhrgebiet belohnt für die Mühen. Der Künstler Herman Prigrann schuf mit der Himmelstreppe einen zehn Meter hohen Bau aus schweren Betonblöcken, Abfallprodukte aus dem industriellen Zeitalter. Die Interpretation überlässt der Künstler dabei dem Betrachter. Eine Infotafel am Fuße der Halde bietet eine Betrachtungsmöglichkeit an: „Wenn der Mensch zu weit hinaufwill, dann kann er herabstürzen."

www.ruhr-tourismus.de

Ein Informationsschild gibt darüber Auskunft, wie diese Trasse früher genutzt wurde. Wir biegen hier links ab und fahren auf die Brücke zu. Am Knotenpunkt 45 weiter geradeaus, ausgeschildert zum Landschaftspark Hoheward. Kurz nachdem es rechts zur Zeche Pluto geht, fahren wir unter mehreren Brücken hindurch. Dann folgen zwei Linksbögen. An der Vorfahrtsstraße weiter geradeaus auf dem beschilderten Radweg. Es geht über eine kleine Brücke und über die Emscher, und von nun an ist der Radweg geschottert. In einer großen Rechtskurve geht es zurück an das Ufer der Emscher und auf einem sandigen Weg weiter. Kurz darauf ist die elegant geschwungene Brücke Grimberger Sichel erreicht.

Die Erzbahnbude:
ein beliebter Radler-Treff

Ausgezeichnete Architektur:
die Grimberger Sichel

Am Weg

Grimberger Sichel

Vom Architekturbüro Schlaich Bergermann wurde diese asymmetrische Stahlkonstruktion entworfen. Die fotogene Fuß- und Radfahrerbrücke über den Rhein-Herne-Kanal am Hafen Grimberg bildet den Abschluss des Erlebnisradwegs Erzbahntrasse. Im Jahre 2009 eröffnet, hängt die 153 Meter lange Brücke an einem 45 Meter hohen Stahlpylon und wurde im Jahre 2010 mit dem European Steel Bridges Award ausgezeichnet.

Am Knotenpunkt 44 (im Sommer steht hier eine Bierbude am Ufer) biegen wir links ab Richtung Nordsternpark. Es geht dann über die nächste moderne Brücke und dort bietet sich ein toller Blick auf die moderne Stölting Marina.
Es geht weiter über einen sehr hübschen Weg immer am Kanalufer entlang durch eine Allee, bevor uns ein leichter Anstieg auf eine Brücke bringt. Nach dem Anstieg biegen wir rechts auf die Brücke, um den Kanal zu überqueren. Danach geht es zunächst ein Stück geradeaus, zur nächsten Brücke, dort überqueren wir die Straße und biegen links in den ausgeschilderten Radweg ein, so dass wir nun am anderen Ufer des Kanals weiterradeln. Dann geht es unter einer Brücke hindurch und wir erreichen den Knotenpunkt 63. Hier biegen wir rechts ab und folgen dem Schild Richtung Nordsternpark. Der Fahrradweg macht sofort eine Linkskurve, und wir fahren unter einer kleinen blauen Brücke hindurch. Wir radeln geradeaus, über eine Brücke mit grünem Geländer und dort, wo sich der Weg gabelt, rechts auf den Weg, der auch Richtung Essen-Karnap und Nordsternpark ausgeschildert ist. Es geht nun auf einer etwas breiteren, wenig befahrbaren Straße weiter.
Wir sehen dann zur Linken ein Schleusenwärterhaus und biegen links ab, so dass wir den Kanal überqueren. Nach der Brücke umfahren wir ein grau-gelbes Haus, um rechts wieder zum Kanalufer zu gelangen. Auf dem sandigen Uferweg geht es nun, direkt am rechts liegenden Wasserlauf entlang, unter zwei Brücken hindurch.

Die Brücke an der Stölting Marina

Am nun erreichten Knotenpunkt 90, kann, wer möchte, einen kleinen Abstecher zum sehenswerten Nordsternpark machen. Man sieht bereits zur Rechten die große Herkules-Skulptur des Künstlers Markus Lüpertz auf dem Dach eines ehemaligen Förderturms.

Am Weg

Nordsternpark

So sieht Wandel aus: Auf dem Gelände der ehemaligen Zeche Nordstern ist mit dem Nordsternpark eine Oase für alle entstanden, die sich gern an der frischen Luft bewegen. So groß wie 130 Fußballfelder, bietet der frei zugängliche Landschaftspark Platz für Spielplätze, den Ziegenmichelhof und sogar eine Kletteranlage des Alpenvereins. Im Rahmen des „Urban Gardening"-Projekts können Besucher auch bei der Ernte von Schokoladenminze, Colapflanze & Co helfen. Kein Wunder, dass jährlich rund 450.000 Besucher zum Schlendern und Entdecken vorbeikommen.
www.gelsenkirchen.de

Wir fahren hier parallel zum Ufer weiter geradeaus und unter der roten Bogenbrücke hindurch. Rechts ist das Amphitheater Gelsenkirchen mit seinem weißen Zeltdach zu erkennen.
Schließlich zweigt der Radweg nach links ab, es geht eine kleine Anhöhe hinauf. Am Knotenpunkt 61 biegen wir sofort an der ersten Möglichkeit nach links ab. Hier ist der Radweg nach Katernberg ausgeschildert. Es geht dann unter einer Autobahn- und einer Fußgängerbrücke hindurch. Zur Linken begleiten uns große Industrierohre. Von der Trasse aus hat man einen schönen Blick auf die Häuser der Arbeitersiedlung Hegemannshof. Zur Linken kann man nun den Turm der Fatih-Moschee erkennen. Ein Stückchen weiter liegt der Taubenzüchterverein. Wir radeln weiter geradeaus, in Richtung Zollverein.
Schließlich kreuzt unsere Radtrasse wieder eine Straße, an der man aufgrund des Autoverkehrs absteigen muss. Dann folgt noch ein kurzes Trassenstück und schon ist gegenüber wieder das auffällige Sanaa-Gebäude vom Beginn unserer Tour zu sehen. An der Fußgängerampel biegen wir links ab, um dann gleich vor dem Sanaa-Gebäude wieder rechts einzubiegen. An der ersten Möglichkeit biegen wir wieder nach links auf das Gelände der Zeche Zollverein. Es geht am Casino Zollverein vorbei bis zum Ausgangspunkt unserer Tour, dem Ehrenhof der Zeche Zollverein.

Gastronomie:

Café & Restaurant Die Kokerei
Mischanlage Zollverein
Tel.: 0201/8301298
www.zollverein.de

Erzbahnbude
Hinter Behmers Hof, 45
886 Gelsenkirchen
info@erzbahnbude.de
www.facebook.com/
Erzbahn-Bude
wechselnde Öffnungszeiten, siehe o.a. Seite

Purino Gelsenkirchen
Johannes-Rau-Allee 15-19
45889 Gelsenkirchen
Tel.: 0209/70264304
www.purino.de

Tour 8

- Startpunkt
- Zielpunkt
- Zwischenziel
- Fahrradstrecke
- Gastronomie
- Freizeitspaß
- familienfreundlich
- Naturerlebnis
- Aussichtspunkt
- Fotospot
- Kulturstätte
- Sehenswürdigkeit
- Kunstobjekt

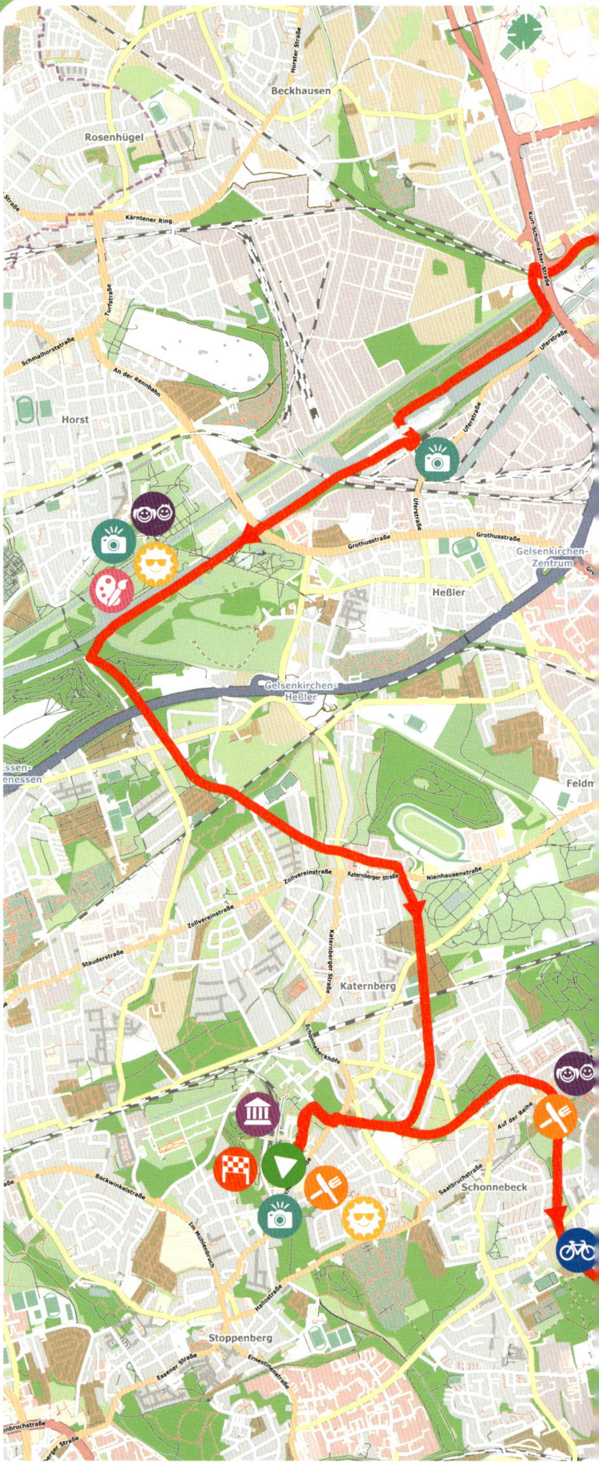

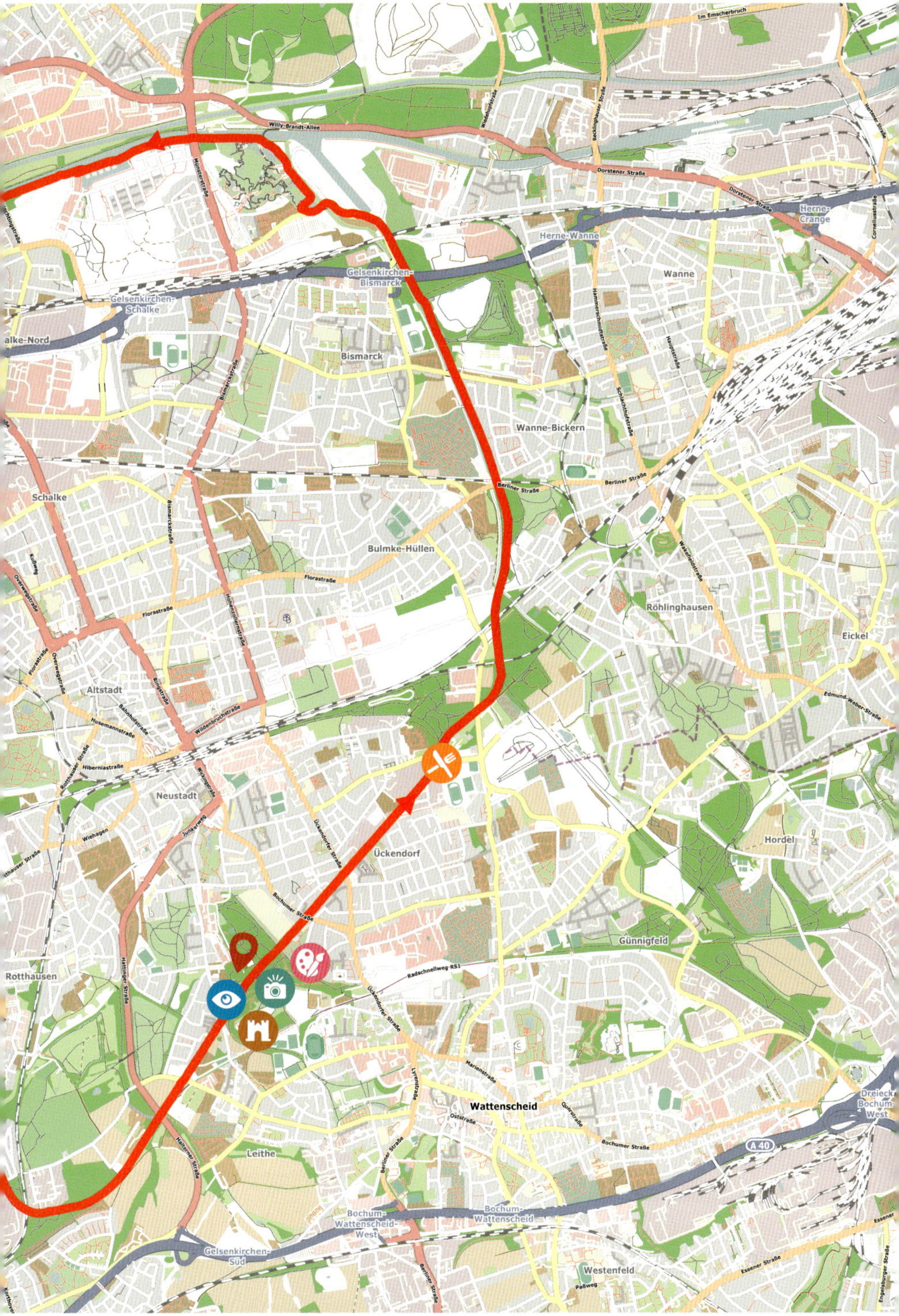

Im Emscherbruch
Willy-Brandt-Allee
Dorstener Straße
Herne-Crange
Herne-Wanne
Wanne
Gelsenkirchen-Bismarck
Gelsenkirchen-Schalke
alke-Nord
Bismarck
Wanne-Bickern
Berliner Straße
Schalke
Bulmke-Hüllen
Florastraße
Röhlinghausen
Eickel
Altstadt
Edmund-Weber-Straße
Neustadt
Ückendorf
Bochumer Straße
Hordel
Rotthausen
Günnigfeld
Radschnellweg RS1
Wattenscheid
Dreieck Bochum-West
A 40
Leithe
Bochum-Wattenscheid
Bochum-Wattenscheid-West
Gelsenkirchen-Süd
Westenfeld
Essener Straße

Den Rheinischen Esel runter

Von Bochum-Langendreer über Witten und zurück durch Dortmunds ländlichen Süden

Der Genussfaktor auf dieser Tour liegt eindeutig im Fahrvergnügen selbst: fahren wie auf Schienen! Per Drahtesel den Rheinischen Esel runterfahren heißt nämlich, auf gut 12 Kilometern Radvergnügen pur zu erleben. Frei von störendem Autoverkehr und auf bestem Asphaltbelag.

Von Bochum-Langendreer geht es in einem weiten Rechtsbogen über Witten bis nach Dortmund auf der ehemaligen Bahnstrecke. Dortmund zeigt uns dann sein ländliches Gesicht: idyllische Höfe, weite Felder mit blühendem Klatschmohn und duftender Kamille als Farbtupfer. Mit dem „Froschloch" bietet sich hier auch die Möglichkeit, in einem Naturbad Abkühlung zu finden. Weiter geht es auf dem Rüpingsbachweg, der uns in seichten Kurven durch üppiges Grün führt. Schließlich radeln wir direkt über das Gelände der Technischen Universität und unter der Schwebebahn hindurch.

Tour 9

1:45 Std. | 25,5 km | 190 Meter

Start/Ziel: Bochum-Langendreer, Oberstraße, auf Höhe der Hausnummer 142, 44892 Bochum

Wegbeschaffenheit: Zu Beginn sehr gut befahrbare Asphaltwege, im Wald Naturwege, ein kurzer Abschnitt sehr holprig, ggf. muss man hier einige Meter absteigen und schieben.

Anreise mit ÖPNV: S 1 zwischen Solingen und Dortmund, Haltestelle Bahnhof Bochum-Langendreer, ab dort per Rad zum Zielpunkt (2 km)

Besonderheiten: Der Radweg Rheinischer Esel ist bestens asphaltiert und herrlich befahrbar und eine Attraktion in sich selbst. Mit dem Naturbad Froschloch gibt es eine kleine, aber feine Bademöglichkeit unterwegs.

Wegbeschreibung: Wir starten an der Oberstraße, auf Höhe der Hausnummer 142, am Fahrradschild „Rheinischer Esel“ und den zwei bunten Bänken. Am Knotenpunkt 18 weiter geradeaus fahren und der sich selbsterklärenden Trasse folgen. Dann ist Knotenpunkt 4 erreicht. Bis zur Fertigstellung einer Baustelle muss man hier rechts kurz von der Trasse abbiegen und einer Umleitung folgen. Hierzu rechts die Schräge hinunterfahren, an der Ampel links in Ardeystraße fahren und wenn wir auf die Oberstraße treffen, links in die Sackgasse abbiegen. Dann rechts und auf „WerkStadt“ zufahren, dann links in den schmalen Radweg fahren. Am Ende des Radwegs rechts halten und wieder auf den Rheinischer Esel Richtung Witten fahren. Links liegen schöne Kunstwerke am Wegesrand und ein Spielplatz, bevor wir eine Ampel überqueren müssen. Noch eine Straße queren und der Trasse weiter folgen, auf der es durch den Stadtteil Kruckel geht.

Am Weg

Der Rheinische Esel

Einen kuriosen Namen trägt diese ehemalige Bahntrasse, die inzwischen zu einem beliebten Radweg ausgebaut wurde. Von der Rheinischen Bahngesellschaft im Jahre 1880 gebaut, sollte die Strecke von Bochum-Langendreer nach Dortmund Löttringhausen die Zechen, Städte und Hütten miteinander verbinden und den schnellen Transport von Waren ermöglichen. Woher der „Esel“ im Namen kommt, ist nicht sicher geklärt. Entweder hat sich dieser Spitzname von den pfeifenden und schnaufenden Geräuschen der Dampflok abgeleitet. Oder er stammt von den schwer bepackten Marktfrauen, die die Bahn als „Lastesel“ für ihre Waren auf dem Weg zum Wochenmarkt benutzten. Nach 124 Jahren, im Jahre 2004, wurde die Bahnstrecke wegen mangelnder Wirtschaftlichkeit stillgelegt und dank weitsichtiger Initiativen in den heutigen, rund 13 Kilometer langen Radweg umgebaut. Steigungsarm und landschaftlich reizvoll ist die Strecke wie gemacht für Freizeittouren auf dem Drahtesel. http://rheinischer-esel-dortmund.de

Der Startpunkt dieser Tour befindet sich an den bunten Bänken.

Nachdem wir über die Autobahn gefahren sind, biegen wir links ab Richtung Dortmund und halten uns dann geradeaus (Am Hülsenberg). Dann bergab rollen, an der Vorfahrtstraße, der Kruckeler Straße, geradeaus fahren in die Großholthauser Straße. Durch Wiesen und Felder geht es nach Dortmund-Hombruch. Nach einem Hofgebäude links fahren Richtung Dortmund-Menglinghausen.

Am Weg

Naturbad Froschloch

Lust auf ein wenig Abkühlung und einen kühlen Drink im Strandkorb? Dann heißt es hier rechts abbiegen – in 1,5 Kilometern ist das kleine Naturbad am Rande des Stadtteils Dortmund-Hombruch erreicht. Neben einem Schwimmer-, Plansch- und Nichtschwimmerbecken gibt es auch ein Massagebecken, einen kleinen Strandbereich sowie einen Abenteuerspielplatz für die kleinen Wasserfrösche.
www.sportwelt-dortmund.de

An der Gabelung links halten. Durch die Baumspitzen blitzt das BVB-Stadion ins Auge. Links dann in die Persebecker Straße einbiegen und der Radwegbeschilderung folgen. An der Menglinghauser Straße rechts abbiegen. Wenn rechts das Hotel Lennhof liegt, links abbiegen, der Radwegbeschilderung Richtung Campus Nord folgen. Hier fahren wir auf den Emscher-Uferweg, den Rüpingsbachweg ein. An der zweiten Straße, die wir queren, der Ostenbergstraße, biegen wir links ab und radeln einen kurzen Anstieg hoch. Rechts liegt das Restaurant Storckshof mit Biergarten. Dann folgt das Restaurant Solino, hier rechts abbiegen. Dann links in den Vogelpothsweg einbiegen. Wenn unser Weg auf eine Straße und auf die Schwebebahn trifft, links und sofort wieder rechts, unter der Schwebebahn durchfahren.
Am Schild „Technische Universität Dortmund" auf den gepflasterten Weg einbiegen, auf Outdoor-Fitnessanlage zu radeln. Wir sind nun

Am Weg

H-Bahn und Technische Universität Dortmund

Mit 17 Fakultäten, rund 33.500 Studierenden und 80 verschiedenen Bachelor- und Masterstudiengängen zählt die Dortmunder Universität zu den 20 größten unseres Landes. Neben technischen Studiengängen wie Mathematik, Physik, Maschinenbau und Informatik werden auch Theologie, Kunst- und Sportwissenschaften angeboten. Im Bereich Internet haben Forscher und Studenten in den 1980er und 1990er Jahren hier übrigens wahre Pionierarbeit geleistet.
Angrenzend zur TU Dortmund liegt der Technologiepark, der mit seinen rund 1000 Beschäftigten zu den erfolgreichsten in Europa zählt. Zu den 300 hier angesiedelten Firmen gehört u. a. zwei Fraunhofer-Institute.
Um auf dem Dortmunder Campus von A nach B zu kommen, kann man die Schwebebahn benutzen. Die so genannte „H-Bahn" ist vollautomatisch gesteuert, war die erste ihrer Art in Deutschland und befördert heute täglich bis zu 8000 Fahrgäste.
www.tu-dortmund.de

Die H-Bahn befördert täglich bis zu 8000 Fahrgäste.

auf dem Campus der Uni, ggf. das Rad schieben. Nach bunten Ringen auf der linken Seite links abbiegen und dann geradeaus den hell gepflasterten Weg hoch und an Hörsaal drei vorbei. Auf die Straße links abbiegen. Und dann sofort wieder rechts in den schmalen Fuß- und Radweg einfahren.

Am Weg

DASA

Unbedingt einen Besuch wert ist das Museum DASA, das die „Arbeitswelt Ausstellung" präsentiert. Der Name klingt trocken, das Museum ist aber ein wirklich inspirierender Ort, an dem Mitmachen eindeutig erwünscht ist. Egal, ob beim Fliegen eines Hubschraubers, im A-320-Flugsimulator, in der „Arbeitsunfall-Geisterbahn" oder an der Dechiffriermaschine – hier findet jeder etwas, das ihn fesselt.
www.dasa-dortmund.de

Es geht durch die Grünanlage Technologiepark. An der Gabelung rechts halten. Der Rechtskurve folgen, an einem Feld entlangfahren und an dessen Ende links abbiegen. Auf dieser Straße werden dann mit Hilfe einer Brücke Eisenbahnschienen überquert, bevor es unter der Autobahn hindurch geht. Am Friedhof vorbei und wenn wir an den Steinsweg treffen, rechts abbiegen. Direkt vor der Ampelkreuzung Borussiastraße links abbiegen in einen Fuß- und Radweg, auf der Ecke steht ein Bücherschrank und eine auffällige silberne Spirale hängt an einem blauen Tor. Durch die Wohnstraße weiter.
Die Hedwigstraße führt uns dann geradeaus in einen Radweg und das Naturschutzgebiet Dorneywald, rechts liegt ein Mahnmal. An der ersten Kreuzung im Wald rechts abbiegen. An der nächsten Kreuzung geradeaus auf die asphaltierte Straße fahren, wenn wir aus dem Wald herauskommen, links in Muschelweg. Dann der Linkskurve folgen. Durch Felder und Wiesen radeln und dann an der Straße rechts Richtung Bochum-Langendreer radeln. Von dieser Straße Am Katteloh erste Möglichkeit links in einen schmalen Feldweg abbiegen.

Durch schattige Wälder geht's zurück.

Es folgt ein kurzes Stück für geübte Radfahrer auf hügeligen Untergrund, bei dem man ggf. absteigen und schieben muss. An der Gabelung im Wald rechts herumfahren. Nach rund 400 schlecht zu befahrenden Metern im Wald kommt man wieder auf gut befahrbaren Untergrund, an einem Feld entlang. Schließlich stoßen wir auf eine Straße, vor uns liegt ein gelbes Haus, hier links und sofort rechts fahren, Richtung Langendreer. An der Dürener Straße stoßen wir auf eine T-Kreuzung, hier links abbiegen, dem Weg folgen, der sich durch die Felder schlängelt. Dann ist der Rheinische Esel und Knotenpunkt 18 wieder erreicht, wir biegen rechts herum und kommen zum Ausgangspunkt unserer Tour.

Abstecher

Zeche Zollern

In rund 7,5 Kilometern ist ab Bochum-Langendreer die Zeche Zollern gut per Rad zu erreichen. In Dortmunds Nordwesten gelegen, bestand das stillgelegte Steinkohlenbergwerk aus zwei Schachtanlagen, die unter Tage zusammentrafen. Neben dem LWL-Industriemuseum ist auch der Biergarten des „Pferdestalls" einen Besuch wert.

Liebevoll „Schloss der Arbeit" genannt, ist dieses Industriedenkmal mit seinen Gebäuden und den Jugendstilelemente so dekorativ, dass es das Portal der Maschinenhalle der Zeche Zollern sogar auf eine Briefmarke der Deutschen Post geschafft hat.

www.zeche-zollern.lwl.org

Gastronomie:

La Manufacture
Hauptstraße 184
44892 Bochum
Tel.: 0234/64066000

Der Lennhof
Menglinghauser Straße 20
44227 Dortmund
Tel.: 0231/758190
www.der-lennhof.de

Restaurant Storckshof
Ostenbergstraße 111
44227 Dortmund
Tel.: 0231/752050
www.storckshof.de

Tour 9

Startpunkt

Zielpunkt

Fahrradstrecke

eingeschränkt barrierefrei

Gastronomie

Sehenswürdigkeit

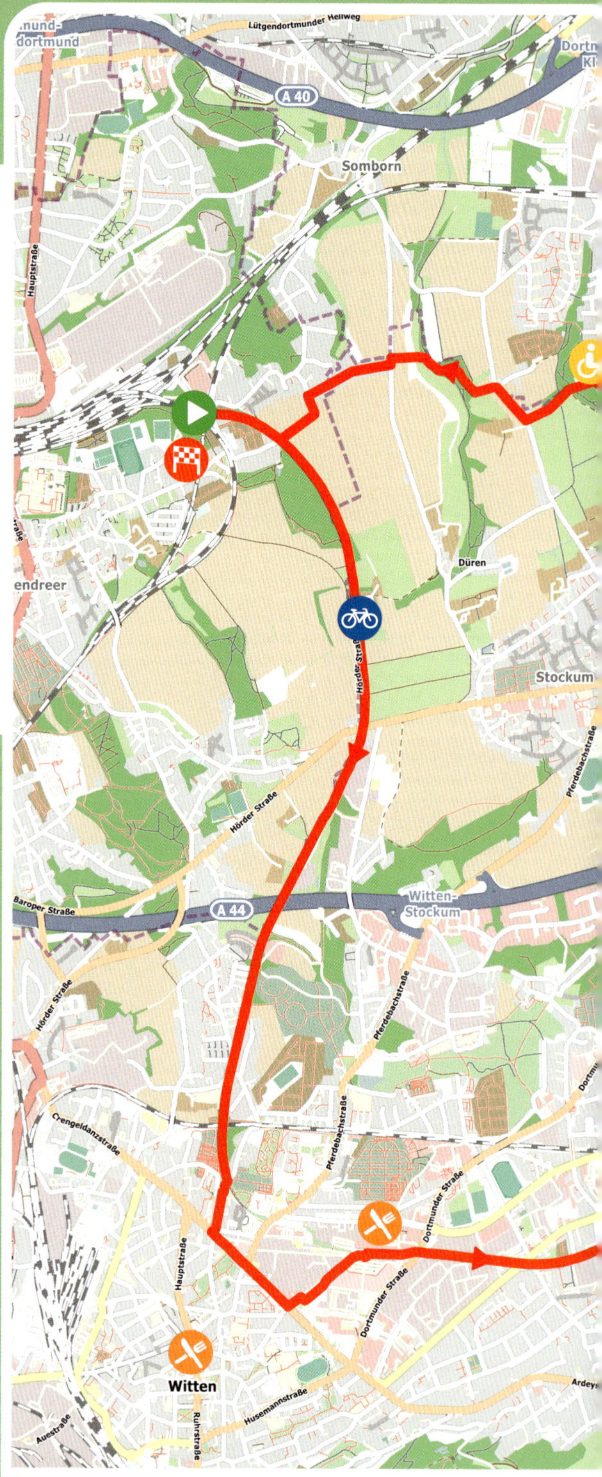

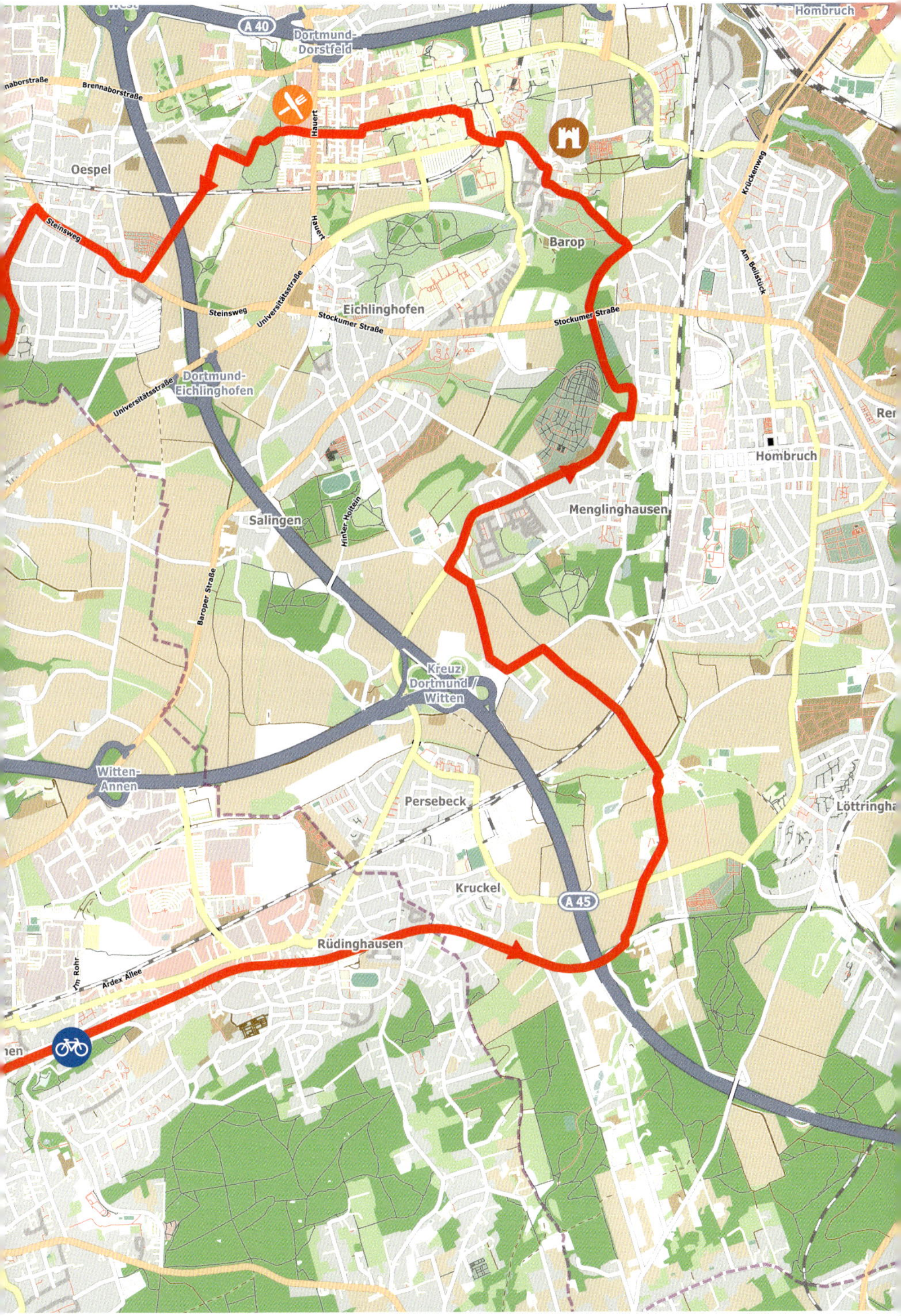
A 40
Dortmund-Dorstfeld
Brennaborstraße
Hombruch
Oespel
Hauert
Krückenweg
Barop
Steinsweg
Universitätsstraße
Eichlinghofen
Stockumer Straße
Am Beilstück
Dortmund-Eichlinghofen
Hombruch
Menglinghausen
Salingen
Hinter Holtein
Baroper Straße
Kreuz Dortmund/Witten
Witten-Annen
Persebeck
Kruckel
A 45
Rüdinghausen
Ardex Allee

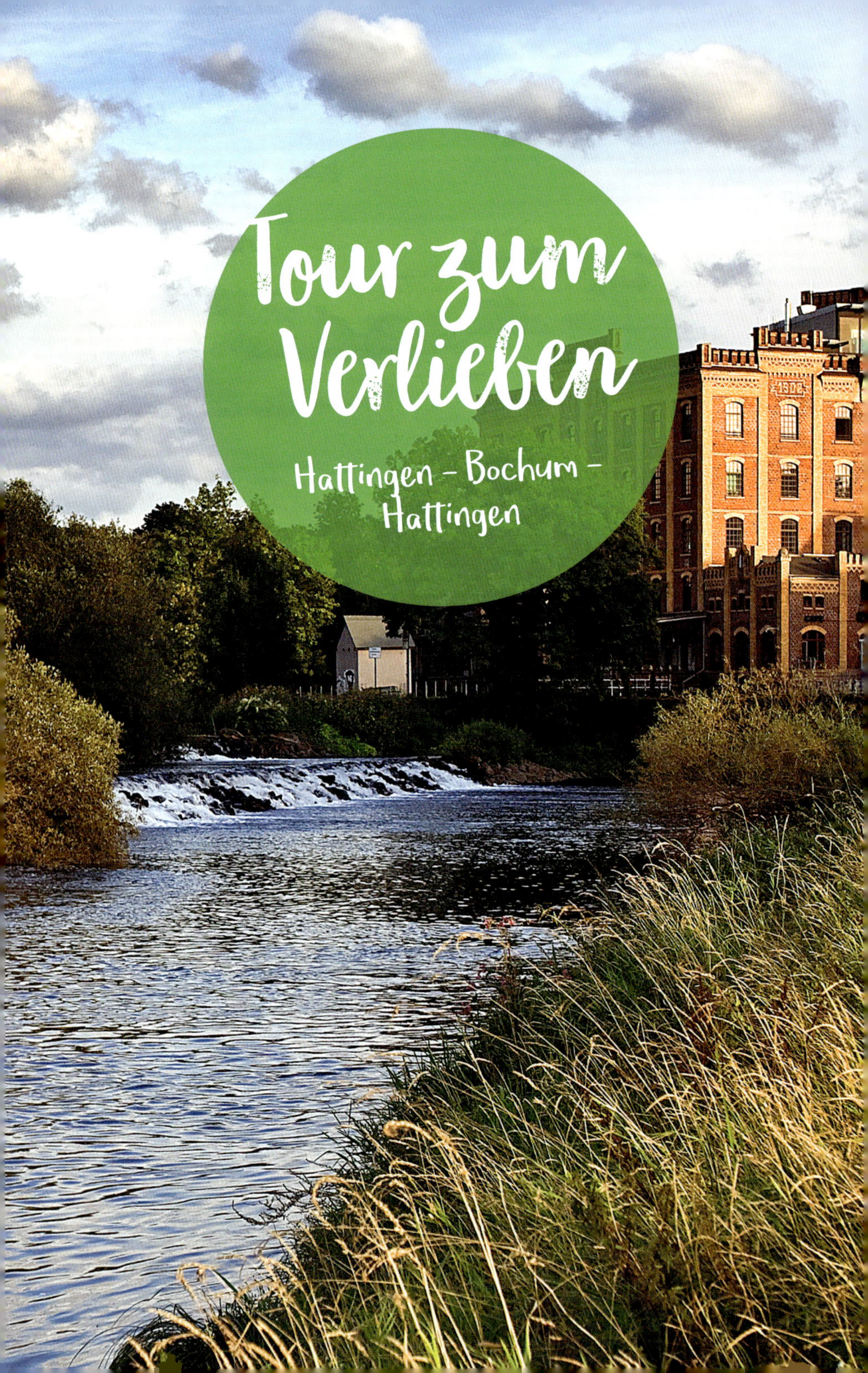
Tour zum Verlieben
Hattingen – Bochum – Hattingen

„I love to ride my bicycle, I love to ride my biiike ..." singt man unwillkürlich irgendwann auf dieser Tour den Song von „Queen" nach.

Spätestens am Ufer des Kemnader Sees mit seinen fantastisch ausgebauten Radwegen oder auf der Springorum-Trasse fühlt man sich, als ob man mit seinem Drahtesel „verschmelzen" würde. Man kann diese Tour grob in drei Abschnitte aufteilen. Erst geht es durchs malerische Ruhrtal, am Ufer des Kemnader Stausees entlang, Dann geht es vorbei am Ümminger See Richtung Westen und Bochum und schließlich folgt die autofreie, von Bäumen und Büschen gesäumte Springorum-Radtrasse, auf der es schwungvoll und in weiten Teilen bergab zurück ans Ruhrufer und dann zum malerischen Ausgangspunkt Hattingen geht. Hier liegt mit der Ruhrschleuse sowohl der Startpunkt als auch das Ziel und auch gleich eine herrliche Einkehrmöglichkeit. Im wahrsten Sinne des Wortes: Eine runde Sache, diese Rundtour!

Tour 10

2:30 Std. | 40 km | 170 Meter

Start/Ziel: Alte Ruhrschleuse in Hattingen, Schleusenstr. 8, 45525 Hattingen

Wegbeschaffenheit: Überwiegend Asphalt und sehr gut befahrbare Naturwege

Anreise mit ÖPNV: Hattingen (Ruhr) Mitte, S-Bahnverbindung nach Oberhausen (S3), Straßenbahnlinie nach Bochum-Gerthe (308). Von dort bis zum Startpunkt 1,4 Kilometer.

Besonderheiten: Urlaubsflair verbreitet der Abschnitt am Kemnader Stausee, der Ümminger See ist ein schönes Etappenziel, es geht durch Naturschutzgebiete, die immer mal wieder schöne, überraschende Einblicke in Fauna und Flora ermöglichen.

Wegbeschreibung: Der Startplatz liegt unweit vom Parkplatz Am Wallbaum/Schleusenstraße. Unser Startpunkt wird erreicht, wenn wir hinunter zur Ruhr fahren, zur Ruhrschleuse mit dem Restaurant Da Mario. Das imposante Backsteingebäude schmückt oben die Jahreszahl 1902. Wenn wir aufs Wasser blicken, biegen wir links ab, fahren mit der Ruhr zur Rechten. An der ersten Möglichkeit biegen wir rechts ab und dann sofort wieder links. Hier folgen wir der Radwegbeschilderung Richtung Kemnader See. An der ersten Möglichkeit links radeln und in zwei Kurven bergauf. Oben angekommen rechts herum, mit einem blauen Brückengeländer zur Rechten über die Ruhr fahren. Am Ende der Brücke biegen wir an der ersten Möglichkeit rechts in die Ruhrstraße und folgen dieser hinab zum Fluss. Wir fahren über einen Campingplatz bis an die Ruhr, biegen hier links herum und fahren auf dem Radweg

Abstecher

Stiepeler Dorfkirche

Mit seinen schiefen Grabsteinen, die zwischen 1600 und 1709 datiert sind, bildet allein schon der Friedhof rund um die Stiepeler Dorfkirche einen besonderen Anblick, den man vielleicht eher in Irland erwarten würde. Und auch das Kirchengebäude selbst ist ein erstaunliches Kulturdenkmal. Schließlich hat die Dorfkirche schon eine mehr als tausendjährige Geschichte und zählt damit zu den ältesten Bauwerken in Bochum. Im Inneren der denkmalgeschützten Kirche beeindrucken besonders die mittelalterlichen Wandmalereien.

am Ufer mit der Ruhr auf der rechten Seite. Dann führt uns der Weg links ein wenig weg vom Ruhrufer, eine kleine Steigung hoch. Dann geht es rechts Richtung Kemnader See, etwas oberhalb der Ruhr. Es geht es durch ein Naturschutzgebiet. An der Vorfahrtsstraße rechts abbiegen, Richtung Kemnader See, unter einer Straßenbrücke hindurch, links liegt das Wirtshaus Stiepel. Am Pferdehof vorbeiradeln. Schließlich biegen wir rechts ab in ein Wasserschutz- und Naturschutzgebiet. Weiter Richtung Kemnader Stausee. An der T-Kreuzung links abbiegen (Knotenpunkt 24).

Ruhrlaub im Sattel

Wir radeln weiter am Ufer mit der Ruhr zur Rechten. Schließlich führt uns der Weg in einer langgezogenen Linkskurve bergan, damit ist auch der Kemnader Stausee erreicht.

Am Weg

Kemnader Stausee

Er ist der jüngste der Ruhrstauseen und liegt idyllisch zwischen den Städten Bochum, Hattingen und Witten. Der 1979 fertiggestellte Stausee (mit einer Wasserfläche von 125 Hektar) bietet am Ufer viel Platz für Läufer, Inlineskater, Sonnenanbeter und Radfahrer. Zahlreiche Eiswagen, Cafés und auch einige Restaurants laden dazu ein, das Leben zu genießen. Auf dem Wasser können sich Kanu- und Tretbootfahrer sowie Segler nach Herzenslust austoben. Ob Segelregatta, „Kemnade in Flammen“, Seelauf, Trödelmarkt oder Zeltfestival Ruhr, auch die Veranstaltungen am Kemnader Stausee erfreuen sich großer Beliebtheit.

www.kemnadersee.de

Natur und Kunst: der Kemnader See mit der Skulptur „Gemeinsam" des Bildhauers Heinrich Brockmeier

An der Radkreuzung halten wir uns zunächst links, dann rechts, die Radschilder weisen Richtung Bochum-Zentrum. Dann führt der Radweg wieder etwas bergab, direkt vor dem Haus Oveney mit Biergarten biegen wir rechts ab.

Mit dem Sonnensteg ist die nächste Einkehrmöglichkeit erreicht. Vorbei an der Surfschule geht's weiter Richtung Kemnader See Ost. Dann liegen zur Rechten das Stranddeck und ein Kinderspielplatz. An einem Parkplatz macht der Radweg zunächst einen Rechts-, dann einen Linksknick. Vor der kleinen Brücke biegen wir links ab Richtung Ümminger See (weiter dieser Beschilderung folgen), wir fahren an einem Bächlein entlang. Dann geht es ein wenig weg vom Wasser, etwas bergauf, dann bergab und durch ein herrliches Naturschutzgebiet.

Direkt vor dem rosafarbenen Haus Heven mit den auffälligen Fensterläden biegen wir erst rechts, dann wieder links Richtung Ümminger See. Es geht über einen schön geschwungenen Weg oberhalb eines Bächleins. Nach einer Linkskurve geht es unter der Autobahn hindurch und an der T-Kreuzung links. An der Fußgängerampel die Straße und die Straßenbahnschienen queren, danach geht es rechts Richtung Ümminger See. An einem auffällig angesprayten Elektrokasten biegen wir links ab, direkt rechts über die Brücke. An der nächsten Brücke rechts abbiegen, dann ist der Ümminger See erreicht.

Der Ümminger See ist ein beliebtes Naherholungsgebiet.

Am Weg

Ümminger See

Gespeist aus dem Harpener Bach weist der Ümminger See eine Gesamtlänge von 665 Metern auf. Neben Enten, Schwänen und anderen Wasservögeln kann man hier mit etwas Glück auch einen Kormoran erspähen. Als Naherholungsgebiet bietet der See aber nicht nur schöne Spazierwege, eine Rollschuhbahn oder einen Spielplatz für Kids. Es gibt hier mit dem „Freiraum Crosstrails“ auch einen „Spielplatz“ für Erwachsene. Auf dieser Hindernis-Sportanlage gilt es, auf einer Länge von 800 Metern 40 Hindernisse – allein oder im Team – zu bewältigen. www.crosstrails.de

Vor dem Ufer rechts und sofort wieder links und parallel zum Ufer, das links liegt, fahren. (Knotenpunkt 19). Am Parkplatz links abbiegen. Dann rechts eine kleine Steigung hinauf, schließlich rechts auf die Laerfeldstraße, der wir nun folgen.
Wir treffen dann auf den Werner Hellweg, diesen kreuzen wir und biegen links ab und fahren dann parallel zu dieser Straße auf dem Radweg. An der zweiten Ampelkreuzung rechts in die Havkenscheider Straße abbiegen. Nach dem links liegenden Kleingartenverein Bochum-Laer biegen wir links ab in die Feldmarkstraße (Knotenpunkt 20). Wenn wir auf eine Vorfahrtsstraße treffen, biegen wir rechts ab und die erstfolgende Straße wieder links herum (Radbeschilderung Richtung Bochum-Weitmar/Zentrum). Dann biegen wir rechts in die Liebfrauenstraße, sofort die erste links in die Altenbochumer Straße und danach in die Goerdtstraße (zweite Straße rechts). Wir rollen bergab durch eine kleine Siedlung, dann geht es winziges Stück bergauf und links den Schildern folgend Richtung Springorum-Radweg. Am Fuße dieses kleinen abwärtsführenden Berges biegen wir wieder rechts herum und befinden uns jetzt auf der Springorum-Trasse.

Barrierefreies Radvergnügen auf der Springorum-Trasse

Am Weg

Springorum-Trasse

Dieser rund elf Kilometer lange Radweg verläuft auf einer ehemaligen Bahntrasse. Hervorragend asphaltiert, ohne mühsame Anstiege und fast durchgehend beleuchtet lässt es sich hier nach Herzenslust radeln. Mit Hilfe von Tunneln und Brücken vermeidet man größtenteils den Kontakt zum Autoverkehr. Wer mag, kann unterwegs kleinere Abstecher zu Sehenswürdigkeiten wie dem Geologischen Garten, dem Eisenbahnmuseum oder zum Haus Weitmar machen. Auch das exotische „Exzenterhaus“ an der Universitätsstraße ist einen Abstecher wert. Die ungewöhnliche Hülle des Bürogebäudes entstand, als man einen siebengeschossigen Luftschutzbunker aus dem Jahre 1942 umbaute.
www.ruhrgebiet-industriekultur.de

Der Weg ist nun selbsterklärend und der Zielpunkt Hattingen schon ausgeschildert. Wir bleiben der Strecke treu, orientieren uns zunächst am Knotenpunkt 28. Der Radweg macht dann einen Linksknick, wir folgen dem Radweg-Schild, der Weg schlängelt sich ein Stück bergab und an einer T-Kreuzung halten wir uns rechts. Dann geht es unter einer Brücke hindurch, in einer Rechtskurve nach oben, an einer T-Kreuzung halten wir uns rechts Richtung Dahlhausen. Schließlich geht es steil herunter auf eine Vorfahrtsstraße, an dem Kreisverkehr links in die Dr.-C.-Otto-Straße abbiegen (Knotenpunkt 28). Vor dem Rewe-Markt zur Linken biegen wir rechts ab in die Lewackerstraße. Wir fahren dann, mit der Eisenbahn und der Ruhr zu unserer Rechten, bis zum Bahnübergang mit Fahrradampel. Nach der Ampel biegen wir rechts auf die Brücke und sofort nach Ende der Brücke links auf den idyllischen Uferweg. Zur Rechten liegt dann mit der „Leinpfadoase" ein beliebter Radlertreff.
Schließlich bietet es sich an, vom historischen Leinpfad auf die Straße abzubiegen, da der Weg für ein kleines Stück aus einem schmalen Stück Kopfsteinpflaster besteht. Diese Stelle ist durch ein Umleitungsschild gekennzeichnet. Schließlich kommt wieder die Brücke mit dem blauen Geländer in unser Blickfeld, über die wir ganz am Anfang unserer Tour gerollt sind. Diesmal fahren wir unter ihr hindurch. Nach der Brücke folgen wir dem Weg, der einen leichten Linksschlenker macht und dann haben wir auch schon die Schleuse erreicht – den Ausgangspunkt unserer schönen Tour.

Gastronomie:

Restaurant da Mario
Schleusenstr.8
45525 Hattingen
Tel.: 02324/3447760
www.birschel-muehle.de

StrandDeck Kemnade
Blumenau 7A
44801 Bochum
Tel.: 0231/22611025
stranddeck.de

Ruhr Bodega-
La Posta
Ruhrmühle 2
44879 Bochum
Tel.: 0234/94121346
www.la-posta.de

Tour 10

Startpunkt

Zielpunkt

Zwischenziel

Parkplatz

Fahrradstrecke

Gastronomie

Naturerlebnis

Sehenswürdigkeit

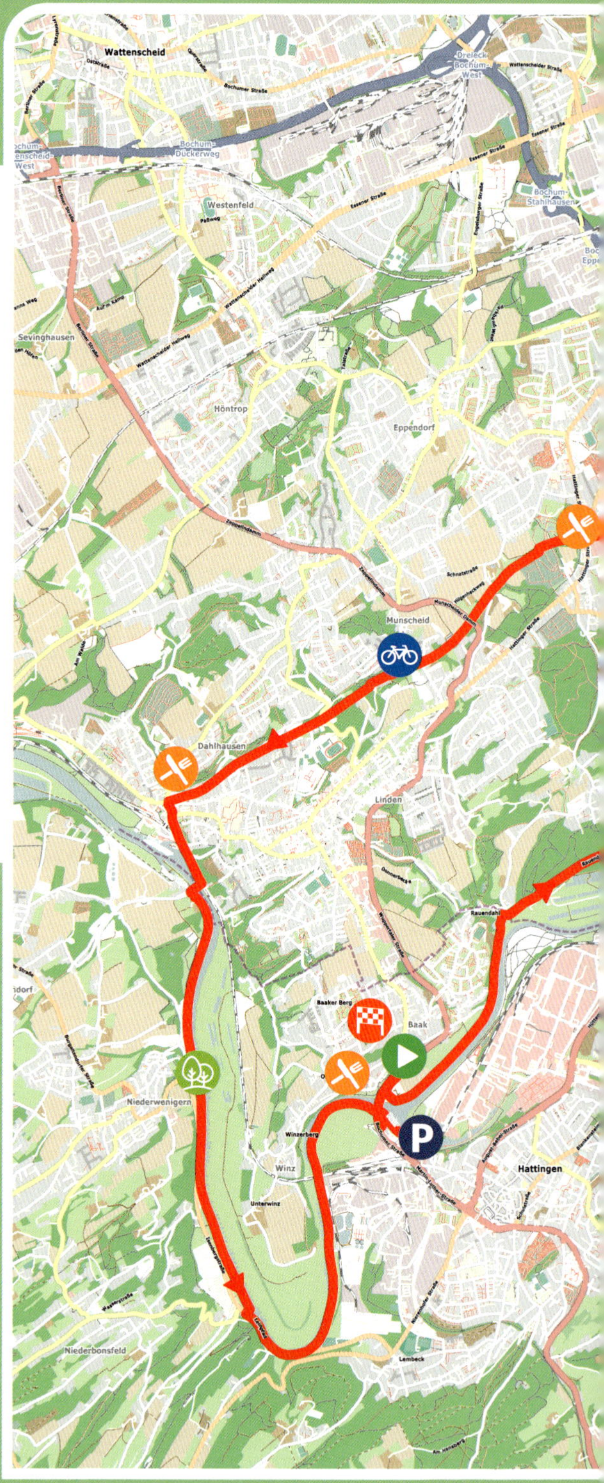

Innenstadt
Bochum-Laer
Altenbochum
Laer
Langendreer
Bochum-Altenbochum
A 448
Kreuz Bochum/Witten
Witten-Zentrum
Bochum-Wiemelhausen
Wiemelhausen
Bochum-Süd
Bochum-Querenburg
Querenburg
Heven
Witten-Heven
A 43
Stiepel
Herbede
Witten-Herbede
Blankenstein
Rauendahl
Holthausen
Hammertal
Am Hagen

„Tropisches" Vergnügen

Rundtour vom Hauptbahnhof Castrop-Rauxel zum Schiffshebewerk in Waltrop

Gerne werden Castrop-Rauxel und Waltrop augenzwinkernd „Die Tropen des Ruhrgebiets“ genannt.

Wer an einem heißen Sommertag hier radelt, der kann noch aus einem anderen Grund von einem „tropischen Vergnügen“ sprechen, denn zahlreiche junge Leute stürzen sich hier mit Flamingo-Schwimmring, Luftmatratze und Stand-Up-Paddle-Board in die Fluten des Rhein-Herne-Kanals. Schatten bietet erst der zweite Teil der Tour, wenn es auf dem sehr grünen Emscherweg und später durch das Naturschutzgebiet Beerenbruch mit seinen dichten Wäldern geht.
Urlaubsstimmung verbreiten auch die Schiffe, die unter internationalen Flaggen fahren. Neben Binnenschiffen schippern auch Flusskreuzfahrtschiffe und Privatboote aller Couleur durch das klar und grünlich schimmernde Wasser. In Waltrop liegt dann direkt nach dem Yachthafen mit dem historischen Schiffshebewerk Henrichenburg unser Wendepunkt.

Tour 11

1:30 Std. | 24 km | 130 Meter

Start/Ziel: Hauptbahnhof Castrop-Rauxel, Berliner Platz 9, 44579 Castrop-Rauxel

Wegbeschaffenheit: Sehr gut befahrbare Asphalt- und Naturwege

Anreise mit ÖPNV: Der Hauptbahnhof Castrop-Rauxel wird angefahren von RE 3 zwischen Düsseldorf und Hamm, RB 32 zwischen Duisburg und Dortmund und der S2 zwischen Dortmund/Essen

Besonderheiten: Die Tour startet direkt am Hauptbahnhof, deshalb kann das Auto getrost zuhause bleiben. Schnell ist man vom Startpunkt raus aus der Stadt und auf der Rücktour geht es bis kurz vorm Bahnhof durch Grün. Wer seine Füße im Kanal oder am Wasserspielplatz am Schiffshebewerk ins kühle Nass stecken mag, der steckt vielleicht ein Handtuch in die Radtasche.

Wegbeschreibung: Wir starten am Bahnhof von Castrop-Rauxel. Das Bahnhofsgebäude in unserem Rücken schieben wir unsere Räder über den Berliner Platz und biegen dann rechts ab, dem Schild Richtung Waldfriedhof folgen. Auf Victorstraße geradeaus fahren. Nachdem wir den Stadtteil Rauxel verlassen haben, biegen wir links auf den parallel zur Straße verlaufenden Radweg und rollen weiter geradeaus. Dann an der ersten Möglichkeit links in den Wald abbiegen, eine kleine Steigung hochfahren, an der ersten Möglichkeit im Wald rechts. Die Straße überqueren und dem Fahrradschild „Grüne Acht" folgen.

Am Weg

Grüne Acht

Einige Teile unseres Wegs folgen der ausgeschilderten Radroute „Grüne Acht", deren Logo grün-blau ist und ein stilisiertes Fahrrad mit den Rädern als liegende Acht zeigt. Die Stadt Castrop-Rauxel nennt sich selbst stolz „Europastadt im Grünen" und hat diese Rundtour, die aus zwei Achten besteht, auf einer Strecke von insgesamt 42 Kilometern ausgeschildert. Die Grüne Acht macht ihrem Namen alle Ehre, denn es geht vorbei an Feldern, Wiesen und durch Wäldchen und durch den Landschaftspark Bladenhorst sowie das Naturschutzgebiet Beerenbruch. Das Stadtgebiet von Castrop-Rauxel zeigt sich dabei überraschend vielfältig und von Natur geprägt. Am Ufer des Kanals kann man mit den Freizeitkapitänen um die Wette fahren.

An der Kreuzung im Wald rechts abbiegen. An der Straße rechts halten, an der Vorfahrtsstraße links, über die Schienen fahren und dann rechts rein zum Schloss Bladenhorst.

Märchenschloss am Wegesrand

Am Weg

Schloss Bladenhorst

Eingefügt in einen englischen Landschaftsgarten liegt das dreiflügelige Schlossgebäude romantisch eingewachsen und umringt von einem Wassergraben, einer so genannten Gräfte. Erstmalige Erwähnung fand Bladenhorst als Rittersitz „Blarnhurst“ im Jahre 1266. Heute befindet sich die Schlossanlage, die typisch ist für westfälische Wasserschlösser, in Privatbesitz. Deshalb können Besucher an normalen Tagen nur von außen einen Blick auf die Schlossbrücke und das imposante, runde Torhaus werfen. Allerdings öffnet das Schloss jedes Jahr am Tag des offenen Denkmals sowie für Lesungen, Hochzeiten und Konzerte seine Tore.
www.schlossbladenhorst.de

Vor dem Schloss links abbiegen, wenn wir auf die Straße treffen, geradeaus hinüberfahren und sofort wieder rechts (Radschild folgen). Einen kleinen Anstieg hochradeln und an der Vorfahrtsstraße links in Richtung roter Brücke fahren. Am Ende der Brücke fahren wir rechts hinab auf den Uferweg, dem wir, mit dem Kanal zur Rechten, weiter folgen.

Immer was zu gucken am Kanal

Vor der roten Brücke fahren wir links um das Restaurant Riad, auf die Brücke hinauf und queren somit den Kanal. Wenn wir von der Brücke hinunterfahren, links, wenn wir auf den Uferweg stoßen, rechts herum fahren. Immer am Kanalufer entlang, jetzt mit dem Wasserlauf zur Linken, dann um einen kleinen Yachthafen drumherum radeln. Den Radschildern folgen und schon ist das alte Schiffshebewerk erreicht.

Am Weg

Schiffshebewerk Henrichenburg

Einst ein technisches Wunderwerk wirkt das Schiffshebewerk heute ein wenig wie ein überdimensioniertes Dekorationsobjekt. Eröffnet wurde das Hebewerk im Jahre 1899 – unter dem Jubel der Menschen und von Kaiser Wilhelm II persönlich. Revolutionär war, dass mit der Fertigstellung des Schiffshebewerks der Dortmund-Ems-Kanal bis zum Dortmunder Hafen befahrbar gemacht wurde. Der stählerne Schiffsaufzug musste dafür eine 14 Meter hohe Kanalstufe überwinden. Nach 60 Jahren Betrieb wurde es durch ein neues Schiffshebewerk ersetzt, heute ist nur noch die moderne Schleuse in Betrieb und das historische Schiffshebewerk als Teil des LWL-Museums ein beliebtes Ausflugsziel. Familien mit Kindern schätzen besonders den Wasserspielplatz.

Einst vom Kaiser persönlich eröffnet, ist das Hebewerk heute außer Dienst.

Das Schiffshebewerk ist der Wendepunkt unserer Tour, wir fahren auf dem gleichen Uferweg zurück bis zu der Brücke, mit deren Hilfe wir den Kanal auf dem Hinweg überquert hatten. Dort angekommen, biegen wir links auf den Emscherweg ab (Radschild Richtung Ickern folgen). Links von der Straße wegbiegen, bergab rollen, erst Links- dann Rechtsschlenker. Dann eine Straße queren, rechts über die Brücke, und wieder links abbiegen, so dass wir am anderen Ufer weiterradeln.

Weiter geradeaus auf dem Emscherweg radeln, Straße kreuzen, Radschildern Richtung Naturschutzgebiet Beerenbruch folgen. Wenn wir auf die Ickerner Straße treffen, biegen wir rechts ab und dann wieder

Kurz hinter dem Yachthafen ist das Schiffshebewerk erreicht.

Am Weg

Naturschutzgebiet Beerenbruch

Das Naturschutzgebiet liegt mit einer Gesamtfläche von 23 Hektar sowohl auf Dortmunder als auch auf Castrop-Rauxeler Boden. Entstanden ist das geschützte Gebiet und auch der Brunosee durch Bergsenkungen etwa um das Jahr 1950. Heute sind der See und die Waldflächen mit zum Teil bis zu 190 Jahre alten Bäumen wichtiger Lebensraum für Löffelente, Teichrohrsänger, Rohrammer, Krickenten, Zwergtaucher sowie Baumfledermaus, Waldkauz und Grünspecht. Im Naherholungsziel sind Wanderer und Radfahrer, die sich naturverträglich Verhalten, herzlich willkommen, die grüne Oase zu genießen.

links in die Finkestraße. Erste Möglichkeit rechts abbiegen, am Marktplatz von Ickern weiter geradeaus rollen. Wenn wir auf die Recklinghauser Straße treffen, links herum fahren. Nach der Stadtgrenze biegen wir rechts in die Brunostraße, einen schmalen Fuß- und Radweg. Dann liegt bald rechts der Brunosee.

Linksknick folgen, Schienen überqueren, an der nächsten Möglichkeit rechts abbiegen. Dem Radweg entlang der Schienen folgen. Wir sind wieder auf dem Radweg Grüne Acht, es geht durch lauschige Waldstücke. An der Kreuzung im Wald rechts abbiegen, an der Gabelung rechts. Für das folgende Stück gilt wirklich „Grün erfahren". Ein kurzes, steiles Stück bringt uns runter, unter der Brücke hindurch und dann wieder zum Radweg an der Straße entlang hoch. Eventuell hier für ein kleines, kurzes Stück absteigen und schieben. Es geht dann weiter oberhalb der Straße auf dem schmalen Radweg.

Eine Brücke bringt uns über die Schnellstraße. Immer weiter geradeaus radeln, auch durch die Wohnsiedlung. Dies ist der Schwarze Weg, wir kommen an einen Kreisverkehr, hier biegen wir links in die Wartburgstraße. Dann ist unser Ausgangspunkt, der Hauptbahnhof Castrop-Rauxel, wieder erreicht.

Gastronomie:

Riad Mediterrane Genusswelten
Wartburgstraße 281
44577 Castrop-Rauxel
Tel.: 02367/1815168
riad-gastronomie.de

Haus Hölter
Suderwicher Str. 90
44581 Castrop-Rauxel
Tel.: 02367/8445
haushoelter.de

Langers Gastrobus
Biergarten & Plätze in englischem Doppeldeckerbus
Im Depot 45
45731 Waltrop
Tel.: 02363/918313

Tour 11

- Startpunkt
- Zielpunkt
- Zwischenziel
- Haltestelle
- Fahrradstrecke
- Gastronomie
- familienfreundlich
- Naturerlebnis
- Fotospot
- Sehenswürdigkeit

Beckum
Dortmunder Straße
Wittener Str.
Oberwiese
Recklinghäuser Straße
Heidestraße
Becklem
Süderwicher Straße
Heckenweg
Hebewerkstraße
Henrichenburg
Henrichenburger Straße
Henrichenburg
Erlenweg
Uferstraße
Leveringhauser Str.
Ickern
Ickerner Straße
Henrichenburger Straße
Römerstraße
Wartburgstraße
Habinghorst
Lange Straße
Emscher-Weg
Recklinghauser Straße
Kanalstraße
Im Dahl
Kekulestraße
Wartburgstraße
Habinghorster Straße
Bladenhorst
Westring
Bahnhofstraße
Deininghausen
Westring
Oststraße
Castrop-Rauxel
Habinghorster Straße
Castrop-Rauxel
Castrop-Rauxel-Bladenhorst
A 42
Oststraße
Pallasstraße
Rauxel

Grüne Lieblingsrunde

Von der Dortmunder City über Unna, Holzwickede und zurück entlang des Phoenix-Sees

Nach dem Start an der prächtigen St.-Franziskus-Kirche heißt es: Freiheit pur. Denn es geht rund 15 Kilometer bis Unna auf der herrlich ausgebauten, autofreien Radtrasse immer nur geradeaus.

Kurzweilig wird die Fahrt durch die zahlreichen Graffitis, die hier am Radweg entstanden sind. Von den Einheimischen liebevoll die „East Side Gallery“ Dortmunds genannt, variiert die Qualität von Weltklasse bis Schmiererei. Malerisch zeigt sich Unna mit seinen Fachwerkfassaden. Auf dem Weg Richtung Holzwickede geht es vorbei am Klangpark und duftenden Wiesen. Herrliche Weitblicke lassen uns staunen. Vorbei am Wasserschloss Rodenberg und dem sehenswerten Hundertwasserhaus ist schließlich der idyllische Emscherquellhof erreicht. Zum Schluss geht es entspannt und meist abschüssig auf dem Emscherweg und dann am Ufer des Phoenix-Sees entlang.

Tour 12

2:45 Std. | 43 km | 250 Meter

Start/Ziel: Kirche St. Franziskus, Franziskanerstraße 1, Ecke Robert Koch Straße, 44143 Dortmund

Wegbeschaffenheit: Überwiegend Asphalt und sehr gut befahrbare Naturwege

Anreise mit ÖPNV: Dortmund Hauptbahnhof, zahlreiche Bahnlinien (2,3 km per Rad zum Ausgangspunkt), oder U-Bahn-Halt Lippestraße (550 Meter bis zum Startpunkt)

Besonderheiten: Es geht zunächst auf der Trasse an der East Side Gallery entlang, später an Sehenswürdigkeiten vorbei, über den Emscher Weg und am Ende der Tour geht es am Ufer des Phoenix-Sees entlang. In Unna geht es durch ein hübsches Fachwerkensemble mit Biergarten samt kuriosem Verkehrsschild: Achtung, Kellner kreuzen den Weg mit beladenen Tabletts.

Wegbeschreibung: Startpunkt ist die Kirche St. Franziskus. Mit dem Blick zum Portal folgen wir der Robert-Koch-Straße, die rechts parallel zum Kirchenschiff verläuft. Am Berswordtplatz rechts in die Straße Am Ostpark einfahren. Dann auf Lange Reihe radeln. Die Straße geht für ein kurzes Stück in einen Fuß- und Radweg über, dann rechts Richtung Unna. Die Radbeschilderung auf diesem Weg bis nach Unna ist sehr gut. Weiter aus dem Wohngebiet, durch Grün, vorbei am Straßenbahnhalt Körne. Der Radweg zweigt rechts ab und unter Schienen hindurch, auf der anderen Seite links herum, ein kurzes Stück in der Albrecht-Dürer-Straße und sofort wieder links in die Peter-Paul-Rubens-Straße fahren. Am Nußbaumweg sofort wieder links, an der Haltestelle Knappschaftskrankenhaus den Rennweg queren.

East Side Gallery im Westen

Zuvor sind wir an der „East Side Gallery“, an der Sprayer ihre Künste üben, vorbeigefahren. Es geht dann entlang einer wenig befahrenen Straße durch ein Industriegebiet. Dann queren wir die Holzwickeder Straße. An der Aplerbecker Straße links abbiegen und der abknickenden Vorfahrtstraße folgen. Nachdem wir unter einer Brücke hindurch gefahren sind, rechts in die Tybbinkstraße.
Durch eine Spielstraße rollen, an der T-Kreuzung rechts, unter einem Tunnel durch und sofort wieder links, weiter in der Tybbinkstraße. Vor der nächsten Eisenbahnbrücke biegen wir rechts ab in die Straße Webershohl. Wenn die Straße sich gabelt, links, An der Steinbrinkstraße, links abbiegen. Sofort wieder rechts in die Sackgasse, Räder können passieren. Stoßen wir auf eine Ampelkreuzung, dann überqueren wir diese geradeaus, weiter auf dem Altwickeder Hellweg. Wir treffen auf die Zeche-Norm-Straße. Wenn rechts ein großes, modernes weißes Bürogebäude steht, biegen wir rechts ab. Direkt vor dem Ortsschild Massen leicht links versetzt weiter geradeaus fahren.
Wir radeln auf der Straße Am Freizeitbad, dann links an der viel befahrenen Kleiststraße abbiegen. Wenn die Kirche in den Blick kommt vor dem Edeka-Markt rechts in den Radweg. Schließlich folgt eine Linkskurve, danach geradeaus weiter, nicht in den gepflasterten Weg. Vorbei an ein paar Häusern und leicht bergab, an der ersten Möglichkeit rechts in den Büddenberg und unter der Autobahn durch. Nach dem Tunnel fahren wir geradeaus, durch einen Tunnel, einen kleinen Anstieg hinauf, an rot-weißen Pöllern vorbei. Wir rollen durch ein wenig befahrenes Industriegebiet, an der Ampel rechts in die Hochstraße, direkt unter einer Brücke hindurch. Nach der Brücke die Straße queren, auf der gegenüberliegenden Seite die Schräge hochfahren. Am Ende dieser Steigung rechts abbiegen und durch eine Wohnstraße weiter. Wir rollen auf der Mozartstraße, rechts liegt das Klinikum Unna. Weiter geradeaus, dann ist die Fußgängerzone von Unna erreicht.
Hier geradeaus über die Kreuzung, links liegt das Rathaus, weiter unter einem kleinen Gebäudeteil (wie ein kurzer Tunnel) hindurch, am Kirchenschiff entlang, das links liegt. Richtung Holzwickede fahren (unser nächstes Etappenziel). Am Ende dieses Weges biegen wir rechts ab und radeln parallel zur alten Stadtmauer.

Nun liegt ein besonders hübsches Wegstück vor uns. Man passiert das Restaurant „Oller Kotten" und kommt an eine kleine Fußgängerampel, die wir überqueren, einen kleinen Anstieg hochfahren. Rechts liegen Fachwerkhäuser und das Restaurant „Tortuga", ein kurioses Schild warnt davor, das hier Kellner mit schwer beladenen Tabletts den Weg kreuzen.

Wenn wir den Anstieg hochgefahren sind, kommen wir auf den Kirchplatz, hier halten wir uns links und passieren das hübsche schieferverkleidete Häuschen mit den grünen Fensterläden, in Ulrichswall einbiegen.

Spannende Lichtinstallationen gibt es im Zentrum für Internationale Lichtkunst.

Am Weg

Überraschendes Unna

Eine Tafel am Ulrichswall informiert über den historischen Rundgang, den man hier unternehmen kann, sowie über den Ulrichsturm, auch Frankenturm genannt, der im 14. Jahrhundert zur Stadtbefestigung gehörte und zeitweilig als Gefängnis genutzt wurde. Am hübschen Lindenplatz liegt in der ehemaligen Lindenbrauerei neben einigen Einkehrmöglichkeiten auch das Zentrum für Internationale Lichtkunst. Hier werden auf rund 2400 Quadratmetern Werke von namhaften Künstlern wie Olafur Eliasson und James Turrell in den ehemaligen Kühlräumen und Gärbecken präsentiert.
www.lichtkunst-unna.de

An der ersten Möglichkeit rechts abbiegen, in die Fußgängerzone Richtung Lindenbrauerei fahren. Am Kupferkessel biegen wir direkt links ab in den Westring. Auf den Käthe-Kollwitz-Ring treffend, biegen wir links ab, ein kurzes Stück an der Straße entlang und biegen dann rechts in die Bornekampstraße, mit dem Park zur Linken radeln.

Auf dem Klangweg: Skulpturen, die Töne erzeugen

Am Weg

Der Klangweg

In Unnas City sind in einem kleinen Park wundervolle Kunstwerke zu finden. Der Künstler Paul Fuchs und die Gruppe Kontakt-Kunst haben hier Werke der Fantasie und Träumerei geschaffen, die nicht nur schön anzusehen, sondern auch schön anzuhören sind! Denn allen Fabelwesen wie dem „Trompetentier", dem „Windvogel" oder der Holz-Stahl-Skulptur „Meteora" ist gemein, dass sie Töne erzeugen können. Während das Trompetentier eine elegante Harfe trägt, erinnert der Holzbockwagen an ein Xylophon. Ein paar Meter weiter, entlang unserer Radtour, erzeugt die Solarskulptur „Siebenklang" von Marlen Liebau mit Hilfe des Windes ganz unterschiedliche Töne.
www.unna.de

Es geht eine kurze Steigung hinauf und weiter durch Grün. Nach einem weiteren kurzen Anstieg kommen wir an eine T-Kreuzung, hier links. Sofort an der nächsten T-Kreuzung rechts abbiegen in eine Allee. Schließlich knickt unser Radweg nach rechts ab. Wir folgen der Straße Zur Österwiese. Wenn die Billmericher Dorfstraße auf die Altendorfer Straße trifft, biegen wir rechts ab Richtung Kirche, vor dieser dann links. Dann biegen sofort wieder links in die Liedbachstraße. Wenn wir an der Schule auf die Buschstraße treffen, rechts abbiegen und der Beschilderung folgen. An der Gabelung weiter auf der Waldstraße fahren, die dann in den Buschweg übergeht. Dann die Kleiststraße überqueren und an der ersten Möglichkeit links in Stennert einbiegen, dieser folgen. In Opherdicke (Knotenpunkt 36) weiter geradeaus. Die Holzwickeder Straße queren, weiter geradeaus in der Oststraße. Wenn diese auf die Massener Straße trifft, biegen wir rechts ab in die Lichtendorfer Straße. Über die Autobahn, der nachfolgenden Linkskurve folgen und rechts in die Landskroner Straße. Dann rechts in die Straße Quellenstraße, an deren Ende der Emscherquellhof erreicht ist.

Auf der Hofanalage liegt der „Quellteich" der Emscher.

Am Weg

Emscherquellhof

Eine idyllische Anlage aus Fachwerkgebäuden lädt zum Verweilen und Entdecken ein. Neben einem Café ist im Garten auch das Kunstwerk „The insect societies" des Künstlers Henrik Håkansson einen Besuch wert. Tatsächlich befindet sich die Quelle der Emscher übrigens nicht direkt am ehemaligen „Lünschermannhof", sondern einige hundert Meter südwestlich davon. Landvermesser des preußischen Königs hatten im Jahr 1824 einen Fehler gemacht und so die Quelle am falschen Ort im Urkataster festgelegt.

www.emscherkunstweg.de

Wenn wir das Gelände des Emscherquellhofs wieder verlassen, biegen wir rechts in den Luftschachtweg ein. Am Ende der Straße links herum. Direkt in den schmalen Fuß- und Radweg, der durch einen rot-weißen Pöller gesichert ist, rechts abbiegen. An Vorfahrtsstraße diese queren und sofort links auf den Radweg, parallel zur Sölder Straße fahren. Auf Jasminstraße fahren, dann links abbiegen, unter Eisenbahnschienen hindurch und der Linkskurve folgen. An der ersten Möglichkeit rechts in Am Kapellenufer abbiegen, über die Eisenbahnschienen und weiter geradeaus. Dann links in die Nathmerichstraße abbiegen. Sobald wir auf die Sölder Straße treffen, queren wir diese an der Fußgängerampel und gelangen geradeaus auf den Emscherweg. Mehrere Straßen müssen gequert werden. Wenn wir links eine Schule sehen, macht der Radweg einen Schlenker, am Ende des Schulgeländes rechts und über eine Brücke, danach der Linkskurve folgen.

Das Haus Rodenberg ist äußerst fotogen.

Wir treffen auf das hübsche Gebäude der Stadtverwaltung Aplerbeck, dort der Radwegbeschilderung Richtung Dortmund folgen. Wir biegen dann von diesem Platz sofort wieder rechts ab und auf einen geschotterten Sandweg, zur Linken liegt Haus Rodenberg mit seinem Wassergraben. Wir stoßen auf die viel befahrene Rodenbergstraße, fahren hier links, dann auf dem Radweg ein Stück parallel zur Wasserfläche vor dem Haus Rodenberg und wechseln die Straßenseite, so dass wir nun rechts von der Straße radeln. Rechts liegt das Rodenberg Center, direkt danach biegen wir rechts in die Ringofenstraße. An deren Ende auf einen Fuß- und Radweg rollen, an der T-Kreuzung biegen wir links herum. Der Radweg führt uns auf die Linningmannstraße, dort rechts abbiegen, nach einem weißen Haus mit Solaranlage biegen wir rechts ab in den leicht zu übersehenden Fuß- und Radweg. Nach 40 Metern sofort wieder links.

Radeln ohne Hindernisse: der Emscherweg machts möglich.

Dem Emscherweg weiter folgen, dann ist der Phoenix-See erreicht, am Ufer entlang, das Wasser zur Linken. Am Ende des Seeufers biegen wir rechts ab. Eine kleine Steigung führt uns über eine Brücke. An der Skulptur „Totem", die drei Kinder zeigt, die sich gegenseitig auf den Schultern tragen, gabelt sich der Weg und wir fahren rechts.

PEUGEOT

Am Phoenix-See ist ein lebenswertes Stadtquartier entstanden.

Am Weg

Der Phoenix-See

Vom Industriegebiet zum Naherholungs- und Wohnparadies. Diese erstaunliche Wandlung hat der Phoenix-See vollzogen. Im Frühjahr 2011 eröffnet, erfreuen sich die Uferflächen großer Beliebtheit. Ob zum Wohnen mit Seeblick, zum Joggen, Picknicken, Segeln oder Radfahren – ein Plus an Lebensqualität ist für alle Dortmunder und alle Besucher garantiert. Der auf dem ehemaligen Stahlproduktionsgelände künstlich angelegte See verfügt über eine Fläche von insgesamt 24 Hektar und fasst 600.000 m³ Wasser. Es dauerte ein Jahr, bis der See aus dem Zufluss der Emscher und aus Niederschlägen zum ersten Mal vollgelaufen war. Sehenswert ist die Aluminium-Skulptur „Totem mit Elster" von Lucy & Jorge Orta, die direkt an unserer Radroute liegt.

www.dortmund.de

An der Schallschutzmauer rechts herum, bergan radeln, dann die Willem-von-Vloten-Straße kreuzen und links abbiegen (Beschilderung Richtung Dortmund-Zentrum folgen). Dort, wo es rechts in die Straße Auf'm Brautschatz geht, halbrechts in den Rad- und Fußweg biegen, der uns wieder durch Grün und autofrei unter Brücken hindurchführt. Der Radweg führt eine kurze Schräge hinunter, führt uns zu einer Straße, die wir queren müssen, um dann rechts abzubiegen. Dann überqueren wir die nächste Straße an der Fußgängerampel, so dass wir wieder auf dem grünen Rad- und Fußweg landen. Vor einer auffällig angemalten Brücke mit einem Geländer in Türkis biegen wir rechts ab, fahren eine kleine Steigung hoch und oben sofort links, um über diese Brücke zu fahren. Dann geradeaus die Straße Lange Reihe entlang, in die Robert-Koch-Straße einfahren und schon sieht man durch die Bäume rechts die Kirche St. Franziskus, den Endpunkt unserer Tour.

Gastronomie:

Fischgericht Dortmund
Kaiserstraße 86
44135 Dortmund
Tel.: 0231/18588848

Bocca
Am Kai 2
44263 Dortmund
Tel.: 0231/22221983
www.bocca-dortmund.de

Gasthaus Agethen
Hertingerstraße 10,
59423 Unna
Tel.: 02303/2549690
https://agethen-unna.de

Wovon durstige Radler träumen

Tour 12

Startpunkt

Zielpunkt

Zwischenziel

Fahrradstrecke

Gastronomie

Naturerlebnis

Fotospot

Sehenswürdigkeit

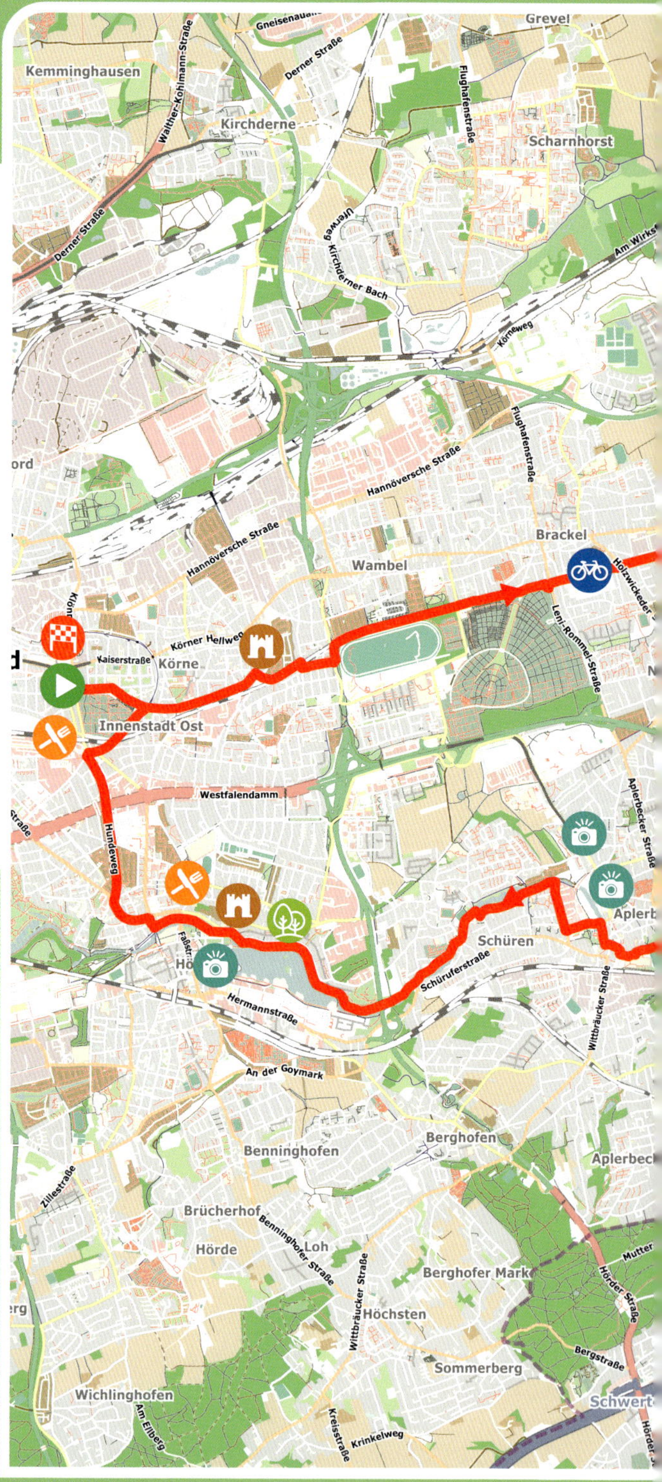

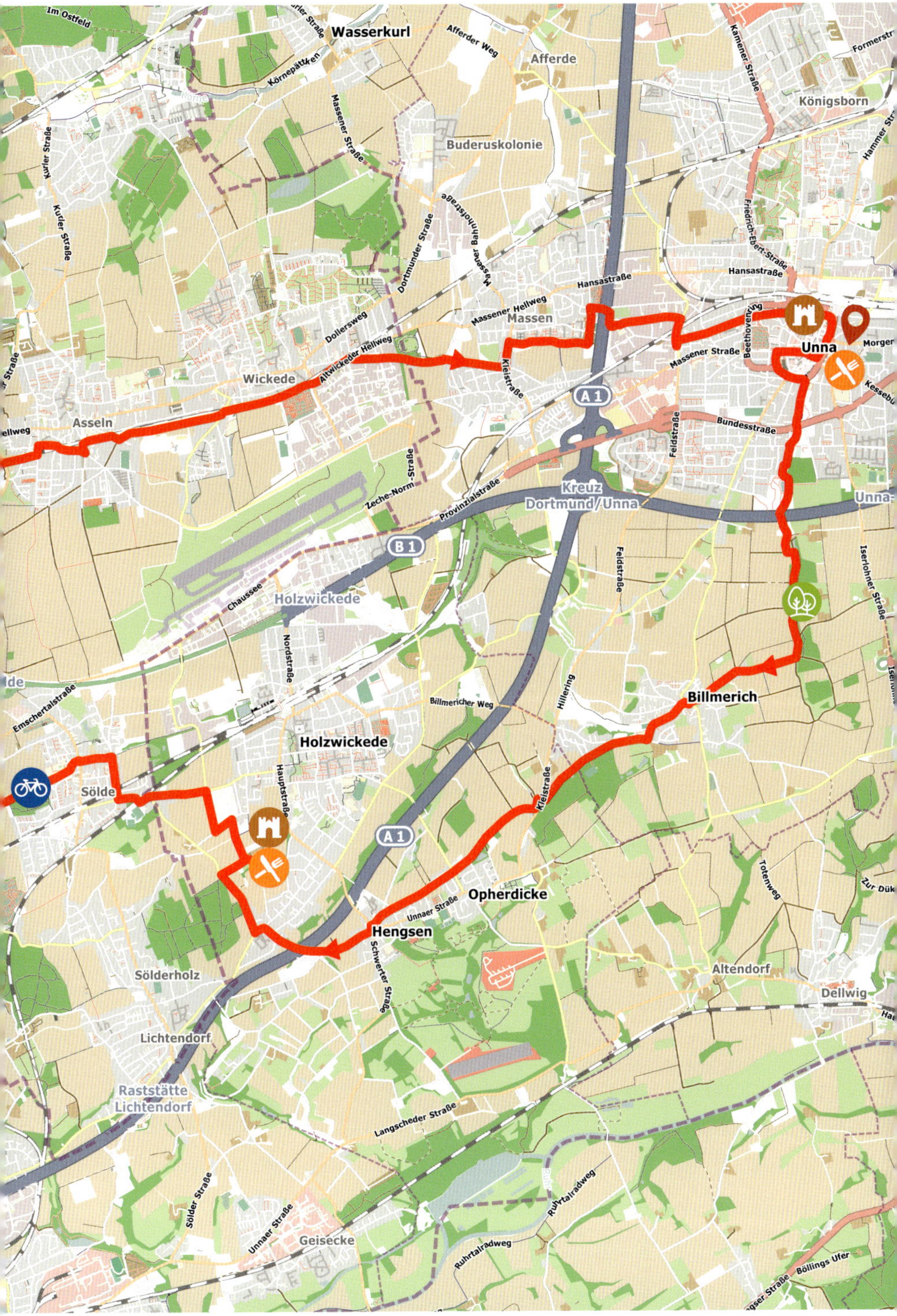

Wasserkurl
Afferde
Königsborn
Buderuskolonie
Massen
Unna
Wickede
Asseln
A 1
Kreuz Dortmund/Unna
B 1
Holzwickede
Billmerich
Sölde
Opherdicke
Hengsen
Sölderholz
Altendorf
Dellwig
Lichtendorf
Raststätte Lichtendorf
Geisecke
Im Ostfeld
Afferder Weg
Kamener Straße
Körnepättken
Massener Straße
Kurler Straße
Dortmunder Straße
Massener Bahnhofstraße
Friedrich-Ebert-Straße
Hansastraße
Massener Hellweg
Dollersweg
Altwickeder Hellweg
Kleistraße
Beethovenring
Bundesstraße
Feldstraße
Zeche-Norm-Straße
Provinzialstraße
Chaussee
Nordstraße
Emschertalstraße
Billmericher Weg
Hillering
Iserlohner Straße
Hauptstraße
Unnaer Straße
Schwerter Straße
Totenweg
Langscheder Straße
Ruhrtalradweg
Sölder Straße
Böllings Ufer

Praktische Infos

Orientierung finden Radfahrer im Ruhrgebiet mit Hilfe des Knotenpunktsystems und der guten Beschilderung. Das Knotenpunktsystem verbindet auf einer Gesamtlänge von 1.200 Kilometern attraktive Radwege, die ganz nach dem Geschmack von Freizeitradfahrern sind. Oft liegen die Sehenswürdigkeiten direkt an der Strecke. Insgesamt 250 Infotafeln mit Karten sowie unzählige weiße Wegweiser mit roter Schrift, die die nächsten Etappenziele angeben, ergänzen als weitere Orientierungshilfe das Angebot des Radreviers Ruhrgebiet. Einen digitalen Tourenplaner sowie Infos zu Baustellen und Umleitungen findet man auf den Internetseiten des Ruhr-Tourismus: www.ruhr-tourismus.de

Informationen zu Fahrtzeiten und Fahrradmitnahme in öffentlichen Verkehrsmitteln findet man auf den Internetseiten des Verkehrsverbundes Rhein-Ruhr: www.vrr.de

Die GPX-Daten zu den Touren sind auf der Internetseite des Verlages hinterlegt.

Ausschlussformel

Alle Informationen wurden vom Verlag und der Autorin nach bestem Wissen und Gewissen zusammengestellt. Zum Zeitpunkt der Recherche waren sie korrekt, evtl. kann es nach Erscheinen Abweichungen in Adressen, Telefonnummern usw. Für die Richtigkeit der Angaben in diesem Buch kann keine Haftung übernommen werden, weshalb die Nutzung auf eigene Gefahr erfolgt. Dies gilt auch für evtl. Abweichungen bei den GPX-Daten. Für die Webseiten Dritter, die in diesem Werk genannt werden, übernimmt weder Verlag noch Autorin Haftung.

Bildnachweis

Stefan Ziese: S. 10, 15, 16/17, 24, 38, 41, 42, 44, 58, 62, 65, 66, 68, 76, 98, 102, 104/105, 108, 117, 119, 122, 124, 126/127, 134, 139, 144, 152, 154/155; Jochen Tack: S. 88; Imago: /Jochen Tack S. 50, 53, 55, 56; /Michael Kneffel S. 74; /Werner Otto S. 117 o.; /Ralph Lueger S. 137

Alle anderen Bilder: Ulrike Katrin Peters